El mejor libro de recetas veganas para sándwiches

100 recetas innovadoras de sándwiches veganos para cada ocasión

Gonzalo Sanchez

© COPYRIGHT 2024 TODOS LOS DERECHOS RESERVADOS

Este documento está orientado a proporcionar información exacta y confiable sobre el tema y el tema tratado. La publicación se vende con la idea de que el editor no está obligado a prestar servicios de contabilidad, autorizados oficialmente o calificados de otro modo. Si es necesario un consejo, legal o profesional, se debe solicitar a una persona con práctica en la profesión.

De ninguna manera es legal reproducir, duplicar o transmitir cualquier parte de este documento en medios electrónicos o en formato impreso. La grabación de esta publicación está estrictamente prohibida y no se permite el almacenamiento de este documento a menos que se cuente con el permiso por escrito del editor. Reservados todos los derechos.

Aviso de exención de responsabilidad: información de este libro es verdadera y completa a nuestro leal saber y entender. Toda recomendación se hace sin garantía sobre el autor o la publicación de la historia. El autor y el editor renuncian y asumen responsabilidad en relación con el uso de esta información.

Tabla de contenido

INTRODUCCIÓN...8
1. SANDWICH DE HUMMUS VEGANO..............................9
2. SANDWICH VEGANO SUPER SABROSO....................10
3. TOSTADA DE SANDWICH CON HECHIZO....................12
4. SANDWICH DE ATÚN VEGANOS..................................14
5. SANDWICH DE PASTRAMI VEGANOS..........................16
6. PLOWMAN'S VEGANO CON REBANADAS DE QUORN............18
7. ROLLOS DE QUORN DE JAMÓN VEGANO Y SUSTITUTO DE QUESO..20
8. ROLLOS DE TORTILLA QUORN VEGAN NUGGET....................22
9. ENVOLTURAS DE SALCHICHA DE QUORN.................24
10. BOCADILLAS DE ENVOLTURA DE PALOS SIN PESCADO DE QUORN..27
11. BAGUETTE DE QUORN VEGANO CON ENSALADA DE CURRY DE POLLO..29
12. TACOS DE NUGGET VEGAN DE QUORN FRITO AL AIRE CALIENTE Y CHIMICHURRI..............................31
13. BOCADILLOS DE QUORN PATÉ VEGANO APERITIF...............33
14. WRAPS DE HAMBURGUESA VEGETARIANA ESTILO SUR DE QUORN..35
15. BURRITO PICADO VEGETARIANO DE QUORN, PATATAS DULCES, FRIJOL NEGRO Y CHIPOTLE.........................37
16. BURRITOS VEGETARIANOS.......................................41
17. FAJITAS DE QUORN EN DITOS CON SALSA DE MANGO........43

18. BAGUETTE DE QUORN SIN JAMÓN AHUMADO VEGANO....45

19. BAGEL CON CREMA DE ANACAROS Y ZANAHORIA MARINADA...47

20. PERRITOS CALIENTES VEGANOS...49

21. SANDWICH DE MAYONESA VEGANA AL ATUN...................51

22. SANDWICH DE RUNNY MAGE Y ESPINACAS......................53

23. SANDWICH VEGAN CLUB...55

24. SANDWICHES CLUB - ¡UNA RECETA SUPER GOURMET 100% VEGETAL!..58

25. BACON TOFU CLUB SANDWICH Y PUTIGNANO WALK.........61

26 SANDWICH DE TOFU CLUB A LA PARRILLA..........................63

27. ATÚN GARBANZO - SANDWICH..65

28. SANDW ICHE VEGANO SALUDABLE....................................67

29. ¡SANDWICH DE CLUB COMO UN MAYO DE ATÚN! [VEGETARIANO]..70

30. SANDWICH DE TOMATE Y PEPINO CON ALBAHACA............72

31. SANDWICH DE POLLO Y PATATAS CON SALSA DE MOSTAZA (VEGANO)..74

32. SANDWICH CON DEDOS DE PESCADO EMPANADO Y SALSA TARTAR (VEGANA)...77

33. SANDWICH ULTRA RÁPIDO Y SALUDABLE.........................79

34. ENSALADA DE HUMMUS PARA SANDWICH DE INVIERNO [VEGANO]..81

35. SANDWICH DE PEPINO PARA APERITIVO............................84

36. SANDWICHES DE PAN POLAR Y SALMÓN DE VERDURAS.....86

37. MINI BAGUETTES CON SEMILLAS Y CEREALES....................88

38. PEQUEÑO SANDWICH INGLÉS ORGULLOSO DE SUS ARÍGENES ESCANDINAVOS..91

39. SANDWICH VEGETARIANO ESPECIAL.................................93

40. CRUDO, BAJO IG..96

41. SANDWICH VEGANO DOBLE DE SETAS Y ESPINACAS CON CREMA ESPECIADA..99

42. SANDWICH DE PASTA DE GARBANZOS Y AGUACATE........104

43. SANDWICH DE HUMMUS DE REMOLACHA.......................106

44. SANDWICH DE TOFU BACON..107

45. SANDWICH VEGANO CON AGUACATE, RÚBULA, TOMATE Y MAYO DE FRAMBUESA..109

46. SANDWICH BLT...112

47. SANDWICHES EMPANADOS VEGANOS..............................114

48. SANDWICH DE SETAS PORTOBELLO Y CEBOLLA CARAMELIZADA...116

49. SANDWICH CON PAN DE MIEL..118

50. TOMATEN-BASILIKUM-SANDWICH....................................120

51. NOPAL-SANDWICH..122

52. ROHES SANDWICH MIT AVOCADO ALI-OLI.......................124

53. SANDWICH EXTRA..126

54. TOFU-SANDWICH MIT MAYONNAISE UND FRISCHEN KRÄUTERN..128

55. VEGETARISCHES SANDWICH MIT KÜRBIS-MAYONNAISE...130

56. AUBERGPLANTAPETESANDWICH.......................................132

57. SANDWICH MIT TOFU...133

58. QUINOA UND PILZSANDWICH..135

59. GEBRATENES TOFU-SANDWICH..137

60. GEMÜSESANDWICH..139

61. TOFU UND MISO SANDWICH...................................142

62. WILDES SPARGEL-PILZ-SANDWICH.......................144

63. SANDWICH MIT GURKEN, KAROTTEN UND SPINAT...........147

64. VEGANES TOFU-SANDWICH..................................149

65. VEGANES SANDWICH ZUM MITNEHMEN................151

66. SANDWICH AUS PITA BROT UND SANFAINA...................153

67. AVOCADO-SANDWICH..155

68. ZUCCHINI-MUTABAL...157

69. VEGANES FLEISCHSANDWICH.............................161

70. FRUGALES ABENDESSEN MIT VEGANEN EINGELEGTEN SANDWICH..164

71. SANDWICHES DE MIGA "LICHT"..........................165

72. VEGANE SANGUCHE VON SEITAN.......................167

73. VEGANES SANDWICH..171

74. SEHR EINFACHES ROGENBROT...........................172

75. KNOBLAUCHBROT...174

76. SANDWICH VEGETAL..176

77. LEICHTES GEMÜSESANDWICH............................177

78. WURSTART WURST FÜR SANDWICHES...............178

79. PILZ-, SPINAT- UND TOMATEN-SANDWICH........180

80. AREPAS-TEIG..182

81. GEROLLTES SANDWICH......................................184

82. GEMÜSE-GURKEN-SANDWICH...........................187

83. FALAFEL, PIQUILLO PFEFFER UND VEGANES SANDWICH...189

84. SCHNELLES VOLLWEIZEN-PIZZABROT..............191

85. TOFU-SANDWICH..193

86. ROHES VEGANES LEINSAMENBROT...................194

87. ROHRBROT...196

88. BROT MIT OLIVEN..198

89. KICHERERBSEN-, HEIDELBEER- UND WALNUSS-SALAT-SANDWICH...201

90. ROSMARI- UND FLACHSBROT...........................203

91. BRUNNENKRESSE UND HUMMUS-SANDWICH.................205

92. SCHWERE ROSINEN- UND WALNUSSBROT.......206

93. ALFALFA SPROUT SANDWICH............................208

94. FEIGENBROT..210

95. KICHERERBSEN-SALAT-SANDWICH....................212

96. BRECHER...214

97. HAFERMEHLKNÖDEL..215

98. VEGANES TOFU-ROGGENBROT-SANDWICH......217

99. Vollkornroggen- und Dinkelbrot.........................219

100. SANDWICH MIT SEITAN, GERÖSTETEN PFEFFER UND PILZEN..221

Conclusión..223

INTRODUCCIÓN

En un mundo donde la comida no es solo un alimento sino una forma de arte, los sándwiches tienen un lugar especial. Son versátiles, portátiles y se pueden personalizar infinitamente. Pero, ¿qué pasaría si pudieras tomar este clásico plato reconfortante y hacerlo completamente a base de plantas? Bienvenido a El mejor libro de recetas veganas para sándwiches, donde transformamos ingredientes simples en creaciones deliciosas que satisfacen todos los antojos.

Ya sea que seas vegano desde hace mucho tiempo, un amante de la comida curioso o simplemente estés buscando formas deliciosas de incorporar más comidas a base de plantas a tu dieta, este libro es tu guía. En su interior, encontrarás recetas que equilibran la salud con el placer, desde opciones rápidas y fáciles para los días de semana ajetreados hasta obras maestras gourmet perfectas para recibir invitados. Redefinamos lo que puede ser un sándwich: capa por capa, bocado por bocado.

¿Estás listo para mejorar tu juego de sándwiches? ¡Comencemos!

1. SANDWICH DE HUMMUS VEGANO

Ingredientes para 1 porción

- 2 rebanadas / n de pan (pan integral)
- 2 cucharadas, amontonadas   hummus
- 3 rodajas de pepino
- 2 rodajas de tomate
- 2 rebanada / aguacate (s)
- ¼ Impuestos Brotes de alfalfa
- ¼ Impuestos Zanahoria (s), rallada

Preparación

1. Tostar el pan y esparcir 1 cucharada de hummus en cada uno. Cubrir con los ingredientes restantes y servir.

2. SANDWICH VEGANO SUPER SABROSO

Ingredientes para 2 porciones

- 2 rebanadas de pan de granjero
- 1 aguacate (s)
- ½ dosis de garbanzos
- ½ cucharadita de comino
- ½ cucharadita de rasel hanout
- aceite de oliva
- sal y pimienta
- 1 puñado de brotes

Preparación

2. Primero, caliente un poco de aceite de oliva en una sartén para obtener este sándwich vegano definitivo y dore el pan por ambos lados. Después de eso, se saca y se vierten

las especias hasta que comienzan a silbar y oler. A continuación, se agregan los garbanzos y se tuestan durante unos 5 minutos, luego bien salados y salpimentados.
3. El aguacate se corta en rodajas y se tritura ligeramente sobre las rodajas de pan. Luego se cubre el sándwich con los brotes y los garbanzos.

3. TOSTADA DE SANDWICH CON HECHIZO

Ingredientes para 1 porción

- 600g de harina de espelta, tipo 630
- 390ml de agua tibia
- 80 g de aceite vegetal, insípido
- 13 g de sal
- 14 g de azúcar
- 18g de levadura

Preparación

1. Disuelva la levadura en el agua. Poner el resto de ingredientes en un bol, agregar el agua de levadura y luego amasar con la batidora o el robot de cocina (dejo que la masa se amase unos buenos 5 minutos con la

máquina). Luego, deja que la masa suba en el bol durante al menos 30 minutos, pero mejor durante 1 hora (a veces solo tiene que ir un poco más rápido).

2. Luego saca la masa del bol y vuelve a amasar bien con la mano. A continuación, divida la masa en 4 piezas, vuelva a amasar los gajos brevemente, forme una bola y colóquelos uno al lado del otro en un molde para pan (molde para pan de 30 cm) forrado con papel de horno o engrasado. Déjalo ir de nuevo. Idealmente hasta que la masa haya llegado al borde de la sartén (pero también aquí al menos 30 minutos). Si el pan tarda poco tiempo en reposar, córtelo por la mitad para que no se rompa por los lados. Precaliente el horno a 210 ° C de temperatura superior / inferior, luego agregue el pan y hornee durante 10 a 15 minutos a 210 ° C. Luego baje la temperatura a 180 ° C y termine de hornear en 30 minutos. Si no está seguro de si está hecho, golpee el costado. Si suena hueco, está hecho. Inmediatamente se cae del molde y se deja enfriar.

4. SANDWICH DE ATÚN VEGANOS

Ingredientes para 2 porciones

- 2 baguette (s), almas o similar, vegana
- 1 dosis de yaca
- 100 g de garbanzos cocidos
- 4 g de algas (algas nori)
- 1 chalota
- 1 pepino (s)
- 75 g de quark de soja (alternativa al quark)
- 1 cucharadita de mostaza
- 2 cucharaditas de salsa de soja
- 2 LA mayonesa, vegana
- 1 cucharadita de sal
- ½ cucharadita de pimienta
- ½ cucharadita de eneldo
- Lechuga, tomate, pepino, cebolla

Preparación

1. Corta las almas o baguettes a lo largo a los lados para que puedas desplegarlas pero no abrirlas por completo.
2. Escurre la yaca y colócala en un bol con los garbanzos. Tritura ambos con un machacador de patatas. Si es necesario, corte los trozos firmes de la yaca en trozos pequeños con un cuchillo.
3. Pelar la chalota y cortarla en cubos finos como los pepinillos. Ponga ambos con los ingredientes restantes en el bol y mezcle bien.
4. Colocar las almas con lechuga, tomate, pepino, cebolla, etc. al gusto y verter la mezcla de "atún".

5. SANDWICH DE PASTRAMI VEGANOS

Ingredientes para 1 porción

- 2 rebanadas / n de pan
- 6 rebanadas / n de pastrami, vegano
- 1 pepinillos)
- 1 hoja de lechuga
- 1 mayonesa, vegana
- 2 cucharaditas de mostaza
- 1 cucharadita de sirope de agave

Preparación

1. Cortar el pepino a lo largo en rodajas finas. Tuesta las rebanadas de pan en la tostadora. Si el pastrami se come tibio, caliéntelo en el

microondas durante unos 30 segundos antes de cubrir el pan. Luego se vuelve un poco más elástica nuevamente y se puede doblar mejor. Mezcle la mostaza y el jarabe de agave en un aderezo.

2. Unte la rebanada de pan inferior con la mayonesa y cubra una tras otra con lechuga, pastrami y rebanadas de pepino. Rocíe el aderezo de mostaza y coloque la rebanada de pan superior encima.

6. PLOWMAN'S VEGANO CON REBANADAS DE QUORN

INGREDIENTES

- 8 lonchas de Jamón Ahumado Vegano Sin Quorn
- 100 g de Violife Epic Mature Cheddar Flavor Block cortado en 8 rodajas.
- 4 rebanadas de pan de centeno o de masa madre
- 1 manzana
- 4 cucharadas a c. de condimento o encurtido de Plowman
- 4 cucharadas a s. mayonesa vegana
- Un puñado de berros o brotes de guisantes para decorar.

Para las cebollas en escabeche:

- 1 cebolla morada
- 1 C. a c. sal
- 100 ml de vinagre de vino tinto

PREPARACIÓN

1. Para las cebollas marinadas, pele y corte la cebolla morada en aros y luego colóquela en un tazón grande.
2. Cubra las cebollas con agua recién hervida y déjelas reposar durante 5 minutos.
3. Luego, escurre las cebollas, enjuágalas con agua fría, agrega la sal y cúbrelas con vinagre de vino tinto. Dejar macerar durante 20 minutos.
4. Para preparar los sándwiches abiertos, unta cada rebanada de pan con mayonesa vegana y cúbrelas con dos rebanadas de Jamón ahumado vegano Quorn Free y dos rebanadas de Violife Epic Mature Cheddar Flavor Block.
5. Corta la manzana en rodajas finas. Agréguelos a cada sándwich con una cucharadita de pepinillo de Plowman.
6. Escurre las cebollas encurtidas, agrégalas a cada sándwich y decora con berros.

7. ROLLOS DE QUORN DE JAMÓN VEGANO Y SUSTITUTO DE QUESO

Ingredientes

- 8 lonchas de Jamón Ahumado Vegano Sin Quorn
- 4 rebanadas de Violife Smoky Cheddar Flavor
- 150 g de sabor cremoso original Violife
- 2 envolturas de tortilla
- Un puñado de cebolletas frescas picadas
- 1 cebolleta picada para decorar

Preparación

1. Coloque el sustituto de queso cremoso para untar Violife en un tazón. Incorpora las cebolletas finamente picadas.
2. Distribuya la crema de cebollino uniformemente sobre las tortillas.
3. Coloque una rebanada de Quorn Smoky Ham Free en el queso para untar en el medio de la tortilla, luego agregue una rebanada de Violife Smoky Cheddar Flavor. Repite con el resto de la tortilla.
4. Enrolle todo bien para formar una envoltura y luego córtelo en 3 pedazos.
5. Sirva adornado con cebolletas tiernas finamente picadas.

8. ROLLOS DE TORTILLA QUORN VEGAN NUGGET

Ingredientes

- 200 g de pepitas veganas de Quorn
- 2 tortillas grandes integrales
- 70 g de queso vegano fresco
- ½ zanahoria rallada
- 45 g de maíz dulce
- 1/3 de pimiento rojo finamente picado

Preparación

1. Cocina los nuggets veganos de acuerdo con las instrucciones del paquete.
2. Unte la harina integral de manera uniforme con el queso crema. Divida la zanahoria rallada, el maíz dulce y el pimiento rojo entre

las tortillas, luego coloque 5 pepitas de Quorn veganas en el centro.
3. Envuelva bien las tortillas, corte los extremos, luego corte cada tortilla en 8 pedazos y sirva.

9. ENVOLTURAS DE SALCHICHA DE QUORN

Ingredientes

- 5 Chipolatas Vegetarianas Quorn
- 2 cucharadas. a s. manteca
- ½ repollo morado pequeño, en rodajas finas
- 2 cucharadas. a s. caña de azucar
- 1 manzana roja, en rodajas finas
- 3 cucharadas a s. vinagre balsámico
- 1 C. a c. nuez moscada
- 50 ml de agua
- 5 tortillas enrolladas
- 5 c. en s. de salsa de arándanos
- 100 g de hojas de rúcula
- 160 g de queso brie, en rodajas

PREPARACIÓN

1. Precalentar el horno a 190 ° C / termostato 5.
2. En una cacerola grande, derrita la mantequilla a fuego medio. Agrega la col lombarda, remojando todas las hojas en la mantequilla derretida. Saltee suavemente durante 5 minutos.
3. Agrega el azúcar, las rodajas de manzana, el vinagre y la nuez moscada. Mezclar bien antes de tapar y hervir a fuego lento. Pasados los 15 minutos, agregue el agua y cocine a fuego lento, revolviendo regularmente por otros 15 minutos, hasta que el repollo esté tierno.
4. Mientras tanto, dore las salchichas vegetarianas Quorn, siguiendo las instrucciones del paquete, hasta que estén doradas. Deje enfriar.
5. Unte una cucharada de salsa de arándanos en cada tortilla, luego agregue una cucharada de repollo estofado. Espolvorear con rúcula y colocar una salchicha entera, así como las rodajas de brie. Enrolla la tortilla para que quede bien enrollada.

6. Corta cada rollo en 4 trozos y asegúralo con palillos de dientes o córtalo por la mitad y sírvelo en un plato con rúcula.

10. BOCADILLAS DE ENVOLTURA DE PALOS SIN PESCADO DE QUORN

INGREDIENTES
- 1 paquet de palitos sin pescado de Quorn
- 3 cucharadas a s. mayonesa vegana ligera
- 3 cucharadas a s. salsa de tomate
- 5 tortillas integrales grandes
- 2 hojas grandes de ensalada iceberg, cortadas en tiras finas

PREPARACIÓN
1. Cocine los palitos veganos sin pescado de Quorn de acuerdo con las instrucciones del paquete.
2. Combine la mayonesa y la salsa de tomate en un bol. Divida esta mezcla sobre las 5 tortillas, luego la lechuga iceberg. Coloque 2

palitos veganos sin pescado de Quorn en cada envoltura y enróllelos. Corta los extremos de cada rollo y luego córtalos en 3 partes iguales.

11. BAGUETTE DE QUORN VEGANO CON ENSALADA DE CURRY DE POLLO

INGREDIENTES

- 375 g de ensalada de pollo al curry quorn vegano
- 2 baguettes
- 50 g de mesclun
- 16 tomates cóctel
- Basílica fresca
- Pimienta negra

PREPARACIÓN

1. Corta las baguettes por la mitad, luego horizontalmente para colocar el relleno.

2. Rellénelos con ensalada, Quorn estilo pollo al curry vegano y tomates cóctel cortados por la mitad.
3. Sazone con albahaca fresca y pimienta negra.

12. TACOS DE NUGGET VEGAN DE QUORN FRITO AL AIRE CALIENTE Y CHIMICHURRI

INGREDIENTES

- 1 paquete de pepitas veganas Quorn
- 3/4 taza de cilantro fresco finamente picado
- 1/4 taza de aceite de oliva
- 1 C. a c. cáscara de limón
- 1/4 taza de jugo de lima
- 1 chile jalapeño, pelado y finamente cortado en cubitos
- 1 diente de ajo picado
- 1/2 cucharadita a c. Orégano seco
- 1/2 cucharadita a c. sal
- 6 tortillas de maíz (15 cm), calentadas

- 1 aguacate, pelado, sin hueso y cortado en cubitos
- 1/3 taza de cebolla morada picada

MÉTODO

1. Configure la freidora de aire caliente a 200 °C de acuerdo con la preparación del fabricante. Engrase generosamente la cesta de la freidora. En 2 lotes, coloca los nuggets veganos Quorn en la canasta (sin llenarla demasiado). Fríelos, volteándolos después de 5 minutos, durante 10 a 12 minutos o hasta que estén dorados.
2. Mientras tanto, prepara la salsa chimichurri mezclando el cilantro, el aceite de oliva, la ralladura de lima, el jugo de lima, el chile jalapeño, el ajo, el orégano y la sal.
3. Sirve los nuggets en las tortillas con aguacate, chimichurri y cebolla morada.

13. BOCADILLOS DE QUORN PATÉ VEGANO APERITIF

INGREDIENTES

- 250 g de paté de Quorn vegano
- 120 g de crostini
- 200 g de baguette
- 200 g de pan de centeno
- Brotes de guisantes
- tomates cherry
- Hierbas frescas
- Pimienta

PREPARACIÓN

1. Corta la baguette en rodajas y el pan de centeno en triángulos.
2. Corta los tomates cherry por la mitad.
3. Unte con paté de Quorn vegano y decore con brotes de guisantes, tomates cherry, chiles y hierbas frescas.

14. WRAPS DE HAMBURGUESA VEGETARIANA ESTILO SUR DE QUORN

INGREDIENTES

- 1 paquete De hamburguesas vegetarianas al estilo sureño de Quorn
- 2 tortillas
- 1 puñado de lechuga, cortada en tiritas
- 2 tomates, cortados en cubitos
- Salsa Cremosa De Pimienta:
- 125 ml de mayonesa, ligera si está disponible
- ½ cucharadita a c. pimienta negra
- 1 C. a c. jugo de limon

PREPARACIÓN

1. Cocine las hamburguesas vegetarianas estilo sureño de Quorn de acuerdo con las instrucciones del paquete.
2. Mezclar la mayonesa con la pimienta negra y el jugo de limón.
3. Unte de 1 a 2 cucharadas de salsa de pimienta cremosa sobre una tortilla tibia.
4. Coloca las tiras de lechuga y los tomates cortados en cubitos en el centro de la tortilla y decora la ensalada con las hamburguesas estilo sureño calientes de Quorn. ¡Rueda y disfruta!

15. BURRITO PICADO VEGETARIANO DE QUORN, PATATAS DULCES, FRIJOL NEGRO Y CHIPOTLE

INGREDIENTES

Para la batata:

- 1 camote, pelado y cortado en cubos de aproximadamente 2,5 cm
- 1 C. hasta s. aceite de oliva
- 1 C. a c. hojuelas de chile chipotle
- 1 C. a c. pimentón ahumado

Para el chile:

- 2 paquetes de Quorn Vegetarian Mince
- 1 C. hasta s. aceite de oliva

- 1 cebolla blanca finamente picada
- 4 dientes de ajo machacados
- 1 C. a c. comino molido
- 1 C. a c. cilantro molido
- 1 C. a c. pimentón ahumado
- 2 cucharadas. a c. pasta de chile chipotle
- 400 g de tomates cortados en cubitos
- 1 C. hasta s. Pure de tomate
- 400g de frijoles negros enlatados, escurridos
- Sal y pimienta para probar)

Para la salsa salsa:

- 200 g de tomates cherry
- $\frac{1}{4}$ de cebolla finamente picada
- $\frac{1}{2}$ pimiento rojo grande, sin semillas y finamente picado
- 1 C. a c. aceite de oliva virgen extra
- Sal y pimienta para probar)

Servir :

- 4 tortillas grandes de harina integral
- 200 g de arroz de grano largo cocido
- Cilantro fresco, picado
- Lechuga iceberg
- Aguacate cortado en rodajas
- Queso rallado
- Crema agria o crème fraîche

PREPARACIÓN

1. Precalienta el horno a 180 ° C / termostato 4. Coloca los boniatos cortados en cubitos en una bandeja para horno y luego agrega el aceite de oliva, el pimentón ahumado y las hojuelas de chile. Hornee hasta la mitad durante 20 minutos. Mientras tanto, prepara el chile.
2. Vierte el aceite en una sartén y caliéntalo en un plato a fuego medio. Agrega las cebollas y sofríe durante 2-3 minutos. Agrega el ajo y el comino, el cilantro, el pimentón ahumado y el chile, luego cocina 2 minutos más. Finalmente, agregue los tomates cortados en cubitos, el puré de tomate y la carne picada Quorn. Cocine por 10 minutos.
3. Mientras tanto, saca la batata del horno. Agregue los frijoles negros y la batata asada al chile, luego cocine por 5 minutos adicionales. Retirar del fuego.
4. Para preparar la salsa, combine todos los ingredientes en un tazón, luego reserve.
5. Caliente cuatro tortillas grandes integrales debajo de la parrilla o en una sartén a fuego lento para preparar los burritos. Luego, colóquelos planos y distribuya uniformemente el arroz, el cilantro, el chile,

la salsa, la lechuga, el aguacate, el queso rallado y la crema. Para doblar el burrito, doble un lado sobre el centro del burrito, doblando firmemente con los dedos para formar un rollo alrededor del relleno. Dobla cada lado hacia el centro del burrito y luego enróllalo sobre sí mismo hasta que esté apretado. Coloque la costura de los dos bordes frente a la placa. Corta el burrito por la mitad antes de servir.

16. BURRITOS VEGETARIANOS

INGREDIENTES

- 6 Chipolatas Vegetarianas Quorn
- ½ cucharadita a s. margarina dietetica
- 8 huevos medianos de campo, batidos
- ¼ de cucharadita a c. sal
- ¼ de cucharadita a c. pimienta negra
- 4 envolturas de trigo integral
- 40 g de espinacas tiernas lavadas
- 2 aguacates, pelados, sin hueso y en rodajas
- 100 g de tomates cherry, cortados por la mitad

PREPARACIÓN

1. Cocine las Quorn Chipolatas de acuerdo con las instrucciones del paquete. Corta cada salchicha en 4 y reserva.
2. Calienta una sartén a fuego medio. Agrega la margarina. Una vez que se haya derretido, vierte los huevos batidos, sal y pimienta. Cocine los huevos, revolviendo constantemente, hasta que la mezcla espese y revuelva. Sáquelo del fuego y apártelo.
3. Caliente las envolturas en una sartén, luego transfiéralas a una tabla de cortar limpia o encimera. Cubra cada rollo con espinacas, aguacate, tomates cherry, huevos revueltos y rodajas de chipolata Quorn. Enrolle y doble para cerrar.

17. FAJITAS DE QUORN EN DITOS CON SALSA DE MANGO

INGREDIENTES

- 175 g de Quorn vegetariano
- 1 C. hasta s. aceite vegetal
- ½ cebolla picada
- ½ pimiento rojo, finamente picado
- 1 diente de ajo machacado
- ½ cucharadita a c. pimenton
- ½ cucharadita a c. hojuelas de chile
- ½ cucharadita a c. Chile en polvo
- ½ cucharadita a c. comino molido
- ½ cucharadita a c. cilantro molido
- Media lima, ralladura y jugo.
- Salsa
- ½ mango, finamente picado

- ½ cebolla morada picada
- ¼ de c. a c. jugo de limon
- 2 cucharadas. a c. chutney de mango
- ½ aguacate maduro, pelado, sin hueso y en rodajas
- 2 tortillas calientes
- Cilantro fresco, picado

PREPARACIÓN

1. Caliente el aceite vegetal en una sartén antiadherente grande. Dore los cubos de Quorn durante 5 minutos o hasta que comiencen a dorarse. Agregue las cebollas y los pimientos y cocine por 5 minutos o hasta que estén tiernos. Agrega el ajo,
2. especias secas y lima. Mezclar por otros 5 minutos para que las cebollas estén tiernas.
3. Combine el mango, la cebolla morada y la salsa picante de mango en una ensaladera. Cubra y coloque en el refrigerador.
4. Coloque alrededor de 5 rodajas de aguacate en cada envoltura con una cucharada de la mezcla de fajita. Cubra con salsa de mango y espolvoree con cilantro fresco.
5. Dobla la tortilla firmemente y envuélvela en plástico para un refrigerio o sírvela con una ensalada y crujientes gajos de papa.

18. BAGUETTE DE QUORN SIN JAMÓN AHUMADO VEGANO

INGREDIENTES

- 3 rebanadas de Jamón ahumado vegano Quorn Free Slices
- Barra de pan de 15 cm
- 3 lonchas de queso
- 1 tomate
- Hojas de ensalada

PREPARACIÓN

1. Corta la baguette por la mitad y unta la margarina.
2. Corta el tomate en rodajas y enjuaga la ensalada.

3. Cubra la baguette con queso, rebanadas sin jamón ahumado vegano Quorn, tomate y ensalada.

19. BAGEL CON CREMA DE ANACAROS Y ZANAHORIA MARINADA

Ingredientes

- bollos de bagel - 4
- zanahorias - 3
- cebolla roja - 1
- anacardos - 200 (g)
- yogur de soja - 1
- rúcula - 1 (puñado)
- tomates - 1
- pepino - 0,25
- limón - 1
- cebollín
- salsa de soja - 5 (cL)

- aceite neutro - 5 (cL)
- sal
- pimienta

Preparación

1. Preparar las zanahorias: Pelarlas y cocerlas en el horno, enteras, en una bandeja de horno con papel de horno, durante 30 minutos a 160 ° C. Deben estar muy derretidas. Una vez que estén cocidos y enfriados, córtelos en tiras finas a lo largo. Ponlos a marinar en aceite, salsa de soja y jugo de limón, durante la noche (o 3-4 horas mínimo).
2. Prepare la crema de anacardos: Remoje sus anacardos durante la noche en agua o cocínelos durante 15 minutos en agua hirviendo en una cacerola. Escurrir y mezclar con el yogur de soja. Condimente con sal y pimienta (y jugo de limón al gusto).
3. Pele la cebolla morada, córtela en aros finos y separe los aros. Picar las cebolletas. Corta el tomate o el pepino en rodajas si tienes.
4. Tuesta tus panecillos de bagel. Unte ambos lados con crema de anacardos, agregue rúcula, zanahorias marinadas, verduras crudas si lo desea y un poco de cebollino. ¡Está listo!

20. PERRITOS CALIENTES VEGANOS

Ingredientes

- panecillos para perros calientes - 4
- frijoles rojos cocidos - 200 (g)
- migas de pan - 80 (g)
- tomates - 1
- tomates reliquia - 3
- cebolla roja
- salsa de tomate
- mayonesa vegana
- aceite de oliva
- pimenton
- pimienta de cayena
- sal
- pimienta

Preparación

1. Mezclar los frijoles con sal y especias. Reserva en un callejón sin salida.
2. Pele la cebolla morada y córtela por la mitad en cubos pequeños. También corte su tomate normal en una fina capa y agregue todo a su mezcla de frijoles rojos.
3. Terminar con pan rallado para darle consistencia y formar 4 salchichas.
4. Prepara verduras crudas: corta en dados los tomates reliquia y mézclalos con una pizca de sal. Corta la otra mitad de la cebolla en tiras finas.
5. Cuece las salchichas de frijoles rojos en una sartén caliente con un poco de aceite para que se doren.
6. Tuesta tus panecillos para perros calientes y decóralos con salsa de tomate y / o mayonesa, salchicha de frijoles rojos y verduras crudas.

21. SANDWICH DE MAYONESA VEGANA AL ATUN

Ingredientes

- lechuga - 4 (hojas)
- pan de sándwich - 8 (rebanadas)
- pimienta
- sal
- cebollino fresco - 0.25 (manojo)
- vinagre balsámico - 1 (cucharada)
- mayonesa vegana - 125 (mL)
- maíz cocido - 130 (g)
- garbanzos cocidos - 260 (g)

Preparación

1. En una ensaladera: triturar los garbanzos con un triturador de puré. No tiene que estar perfectamente triturado, ¡tú decides!
2. Agrega la mayonesa y el maíz. Luego agregue el vinagre y la cebolleta picada. Condimentar con sal y pimienta.
3. En tus rebanadas de pan, coloca el relleno y la lechuga. ¡Cierra tus sándwiches y córtalos en 4! ¡Está listo!

22. SANDWICH DE RUNNY MAGE Y ESPINACAS

Ingredientes para 4 bocadillos:

- 8 rebanadas de pan
- 1 taza de espinacas tiernas
- Cebollas caramelizadas con tomillo
- 100 g de anacardos sin sal y sin tostar
- 25 g de almidón de tapioca (que se encuentra en tiendas orgánicas)
- jugo de 1/2 limón
- 2 cucharadas. a s. levadura malteada
- 1/2 cucharadita a c. polvo de ajo
- 1/2 cucharadita a c. sal
- 1/2 cucharadita a c. pimienta blanca
- 180 ml de agua

Preparación:

1. El día anterior, remoja los anacardos.
2. Escurre los anacardos y viértelos en la licuadora y el resto de los ingredientes. Mezclar hasta obtener una preparación homogénea y suave.
3. Transfiera la mezcla resultante a una cacerola pequeña y cocine durante 2-3 minutos a fuego medio hasta que el mago espese. Revuelva constantemente con un batidor durante la cocción para que no se pegue. La preparación debe verse un poco pegajosa.
4. Tuesta rebanadas de pan, cúbrelas con una buena capa de queso, cebollas caramelizadas y espinacas tiernas, o tus ingredientes favoritos. Disfruta tu almuerzo

23. SANDWICH VEGAN CLUB

Ingredientes para 4 bocadillos:

- 12 rebanadas de pan rallado integral
- mayonesa de verduras
- 2-3 tomates
- 1 pepino
- en rodajas finas ensalada mixta o hojas de lechuga iceberg
- 150 gr de tofu
- Para la mayonesa de verduras:
- 100 ml de leche de soja
- aceite de girasol
- 1 cucharada de mostaza
- 1/2 cidra
- 1 pizca de sal

- opcional: 1 pizca de cúrcuma

Preparación de mayonesa de verduras

1. Batir la leche de soja con un batidor eléctrico, incorporando suavemente el aceite hasta que espese la mezcla. Agrega la mostaza, el limón y la cúrcuma. Sal.

Preparación de bocadillos

2. En una sartén calentar un poco de aceite de oliva. Cortar el tofu en rodajas y dorar en la sartén con un poco de salsa de soja. Pelar el pepino, sal y dejar escurrir en un colador durante 20-30 minutos. Enjuague bien.
3. Lavar los tomates y cortarlos en rodajas.
4. En un plato hondo, mezcle las hojas de ensalada con un poco de mayonesa.
5. Tostar las rebanadas de pan de molde.

Para componer el bocadillo:

1. Coloque la mayonesa, el tofu braseado, el tomate y las rodajas de pepino sobre dos rebanadas de pan. Coloque las rebanadas una encima de la otra y cierre el sándwich con una tercera rebanada de pan rallado. Corta el bocadillo en diagonal para obtener 2 triángulos y haz lo mismo para componer los otros bocadillos. Acompañé los bocadillos de

patata al romero con las rodajas de tomate y pepino que me quedaban. Incluso los niños comieron la ensalada, ¡eso lo dice todo!

24. SANDWICHES CLUB - ¡UNA RECETA SUPER GOURMET 100% VEGETAL!

Ingredientes para 3 sándwiches club:

- 9 rebanadas de pan integral para sándwich o pan de su elección
- 15 lonchas de tocino vegano
- 300g de tofu blanco firme
- 2 cucharadas. a s. salsa de soja
- 1 C. a c. cúrcuma
- 1 C. a c. sal negra del Himalaya Kala Namak
- Pimienta
- 2 cucharadas. a s. aceite de oliva
- Elección de hojas de ensalada verde (prefiera hojas muy verdes)
- 1 zanahoria rallada
- 3 tomates

- Mayonesa vegana
- Mostaza

Preparación:
1. Huevos revueltos: desmenuza el tofu con un tenedor.
2. Calentar el aceite de oliva en una sartén y verter el tofu desmenuzado con la salsa de soja, la cúrcuma, la sal negra y un poco de pimienta. Mezclar y dejar dos minutos a fuego lento.
3. Lavar las hojas de ensalada, lavar y cortar los tomates en rodajas, pelar y rallar la zanahoria.
4. Calentar las rebanadas de pan.
5. Agrega 1 cucharadita. a c. de mostaza en mayonesa, mezclar bien. Distribuya la mayonesa de mostaza sobre 6 rebanadas de pan.
6. Coloca la ensalada y un poco de zanahoria en cada rebanada.
7. Cubrir con huevos revueltos.
8. Coloque 2 rebanadas de tocino vegetal sobre los huevos.
9. Agrega unas rodajas de tomate y un buen toque de mayonesa.

10. Coloque dos rebanadas adornadas una encima de la otra y cierre con una tercera rebanada. Corta los bocadillos en diagonal con un buen cuchillo y sírvelos.

¡Muy buen apetito!

25. BACON TOFU CLUB SANDWICH Y PUTIGNANO WALK

Ingredientes

- 200 g de tofu firme y natural
- 3 cucharadas a s. aceite de oliva
- 2 cucharadas. a s. salsa de soja o tamari (sin gluten)
- 2 cucharadas. a s. jarabe de agave
- 1 C. a c. pimentón ahumado
- 1/2 cucharadita a c. polvo de ajo

Para 2 personas:

- 4 rebanadas de pan integral
- 2 cucharadas. a s. pesto de albahaca

- 2 puñados de hojas de ensalada verde
- 1/2 pepino
- 1 C. a c. semillas de sésamo
- Pimienta

Preparación:

1. Aprieta el tofu con fuerza para que suelte toda su agua. Dejar bajo peso durante unos 20 minutos. El tofu adquirirá mejor los sabores de la marinada. Corta el tofu en un bloque de tofu en 4 rodajas.
2. Prepare la marinada mezclando aceite de oliva, salsa de soja, almíbar, pimentón y ajo.
3. Coloque las rodajas de tofu en un plato y rocíe generosamente con la marinada. Reserva un poco de adobo en el bol. Deje reposar 30 minutos por un lado, dé la vuelta y déjelo por otros 30 minutos.
4. Hornea las rodajas de tofu a 210 ° C durante 20 minutos. Dar la vuelta a la mitad de la cocción.
5. Armado de los bocadillos: esparcir el pesto sobre dos tostadas y cubrir con hojas de ensalada… .. colocar encima dos rodajas de tofu. Cubrir con rodajas de pepino y espolvorear con semillas de sésamo. Sazone con pimienta y cierre los sándwiches.
6. Corta cada sándwich en diagonal y disfruta !!

26 SANDWICH DE TOFU CLUB A LA PARRILLA

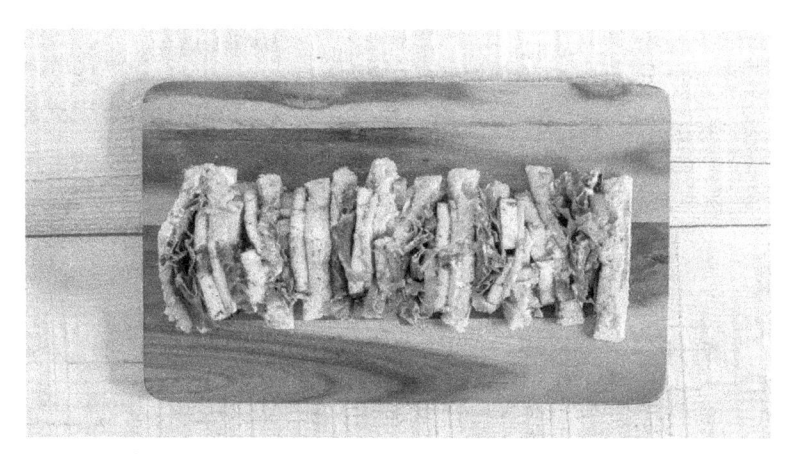

Ingredientes

para el tofu

- jarabe de arce - 1 (cucharada)
- aceite - 2 (cucharadas)
- salsa de soja - 3 (cucharadas)
- tofu firme - 150 (g)
- pan de sándwich - 6 (rebanadas)
- mostaza - 1 (cucharada)
- mayonesa vegana - 2 (cucharadas)
- queso vegano - 2 (rebanadas)
- tomates - 2
- lechuga - 4 (hojas)

Preparación

1. Prepara el tofu: córtalo en rodajas finas. En una sartén, mezcle la salsa de soja, el aceite

y el jarabe de arce. Calentar a fuego alto. Cuando la mezcla hierva, agregue las rodajas de tofu. Cocínelos unos 4 minutos por cada lado para que se doren y el líquido se haya evaporado.
2. Tuesta tus rebanadas de pan.
3. Cortar los tomates en rodajas y picar un poco la lechuga.
4. Para armar sus sándwiches club: alterne rebanadas de pan para sándwich untado con mostaza y mayonesa vegana, tomates, lechuga, en rodajas queso vegano y rodajas de tofu a la plancha. Corta los bocadillos en cuartos.

27. ATÚN GARBANZO - SANDWICH

Ingredientes

- 1 lata de garbanzos medianos
- 4 cucharadas cucharadas de mayonesa vegana comprada o casera
- 1/2 cebollín o chalota
- 1 trozo de apio
- 1 puñado de cebolletas frescas
- 1 cucharada. 1/2 cucharadita de algas del pescador
- sal, pimienta, nuez moscada
- vegetales de temporada
- 1/2 baguette

Preparación

1. Machaca los garbanzos con un tenedor de forma brusca: el objetivo no es hacer puré.
2. Cortar finamente el apio y las verduras: aportarán frescura al bocadillo. Dependiendo de la temporada, ¡tomates o un poco de col lombarda!
3. Mezcle los garbanzos con la mayonesa, las algas, la sal, la pimienta y la nuez moscada, y la ensalada del pescador (es opcional pero le da un sabor marino a la mezcla). Poner en la nevera durante al menos media hora para que la mezcla esté bien fría.
4. ¡Corta una hermosa tradición por la mitad, unta con mayonesa y decora!

28. SANDWICHE VEGANO SALUDABLE

Ingrediente

- 300g de yaca tierna, natural o en salmuera
- 1 cebolla
- 1-2 diente (s) de ajo
- 1/2 cubo de caldo de verduras
- 1/2 cucharadita de comino molido
- 1/2 cucharadita de pimentón ahumado en polvo
- Salsa barbacoa (alrededor de 80-100 ml)
- 1 cucharada de azúcar de caña sin refinar
- Aceite de oliva
- Sal pimienta
- 2 rollos
- Rúcula o hojas de ensalada

- Salsa de yogur casera (yogur vegetal + mostaza + hierbas)
- o mayonesa vegana

Preparación

1. Enjuague los trozos de yaca con cuidado (especialmente en el caso de una lata en salmuera) y escúrralos bien. Puedes empezar a triturarlas con un tenedor para separar las fibras más blandas.
2. Calentar un poco de aceite de oliva en una sartén, luego sofreír la cebolla picada y el ajo unos instantes.
3. Verter los trozos de yaca, espolvorear con pimentón y comino, y freír unos minutos para cubrir bien los trozos y empezar a dorarlos ligeramente.
4. Agregue 1/2 cubo de caldo y una cantidad muy pequeña de agua, mezcle bien. Lleve a ebullición y luego cocine a fuego lento durante unos minutos, revolviendo ocasionalmente para que el líquido se reduzca. Ahora que las piezas están más suaves, puedes volver a triturarlas con un tenedor para obtener un efecto más deshilachado.
5. Finalmente, agregue el azúcar y la salsa barbacoa: mezcle bien para cubrir el

conjunto y deje hervir nuevamente por unos 15 minutos, revolviendo regularmente para confinar toda la preparación.

6. Una vez que se haya completado la cocción, sírvale la jaca desmenuzada en rollos cubiertos con rúcula con un poco de salsa de yogur o mayonesa, y opcionalmente acompañada de papas salteadas. Está listo !

29. ¡SANDWICH DE CLUB COMO UN MAYO DE ATÚN! [VEGETARIANO]

Ingredientes:

- 1 lata pequeña de frijoles blancos o garbanzos (250g escurridos)
- 2 cucharadas de mayonesa
- 1 cucharadita de mostaza
- 1 chalota picada
- 1 cucharada de jugo de limón
- 1 cucharadita de alcaparras picadas (opcional)
- 1 cucharadita de eneldo picado (opcional)

- 1 cucharadita de pepinillos al estilo americano, cortados en trozos pequeños (opcional)
- Sal, pimienta, chile
- Verduras crudas (ensalada, tomate, semillas germinadas, zanahoria rallada, pepino …)
- 4 rebanadas de pan integral

Preparación

1. Enjuague y escurra las judías blancas / garbanzos.
2. Tritúrelos con un tenedor o un machacador de patatas, dejando trozos.
3. Añada todos los ingredientes: mayonesa, mostaza, chalota, zumo de limón, alcaparras, eneldo, encurtidos …
4. Pruebe y ajuste el condimento, si es necesario, con sal, pimienta y chile.
5. Tostar las rebanadas de pan.
6. ¡Ensambla los bocadillos con las verduras crudas!
7. Puedes preparar la mezcla con anticipación, solo será mejor, solo debes armar el sándwich en el último momento.

30. SANDWICH DE TOMATE Y PEPINO CON ALBAHACA

Ingredientes (para unas 6 personas)

- 5 panes suecos
- 300 g de queso fresco tipo Philadelphia
- 300 g de queso blanco
- ½ pepino
- 1 tomate redondo
- Tomates cherry (de distintos colores) y rábano para decorar
- Un pequeño manojo de cebollino y albahaca.
- Molinillo de sal y pimienta

Preparación:

1. Mezclar los quesos en una ensaladera, sal y pimienta.
2. Pon la mitad de la preparación en otro bol para picar la albahaca.
3. Cortar el tomate redondo en dados pequeños y el pepino pelado en rodajas finas (con una mandolina es rápido y práctico).
4. Coloque un pan sueco en su plato de servir, unte con queso y albahaca, coloque la mitad de los tomates cortados en cubitos.
5. Repita las capas de pan, queso, rodajas de pepino, etc., excepto la última barra.
6. Una vez que se hayan formado las diferentes capas, cubrir el sándwich por completo con la otra ensaladera de queso (sin la albahaca).
7. Decora la parte superior con tomates cherry, rodajas de rábano y pequeñas hojas de albahaca y cubre el borde con cebollino (este es el más largo).
8. Reserva en la heladera.
9. Es mejor no prepararlo el día anterior para remojar los panes.

31. SANDWICH DE POLLO Y PATATAS CON SALSA DE MOSTAZA (VEGANO)

Ingrediente

- 1 bollo de nueces
- 2 hojas de ensalada (lechuga)
- Mostaza
- 1 filete de pollo rebozado con verduras - 100 gr (Viana)
- 2 rebanadas de queso vegetal (Cheddar - Tofutti)
- Papas fritas
- Sal, pimienta (al gusto)

Para la salsa de mostaza (unos 25 cl):

- 20 cl de nata vegetal (avena, soja, arroz)

- 1 cucharada de fécula de papa
- 2 cucharadas de mostaza
- Sal, pimienta (al gusto)
- 1/2 cucharadita de curry en polvo
- 1 cucharadita de vino blanco

Preparación

1. Mezcle la crema de verduras con la fécula de patata, la mostaza, la sal, la pimienta, el curry y el vino blanco en una cacerola.
2. Coloque la sartén a fuego lento y mezcle con un batidor de mano hasta que espese. Retirar del fuego y dejar enfriar completamente la salsa para adornar una manga pastelera.

Para el bocadillo:

1. Pasar el filete de pollo empanizado en una sartén con un poco de aceite de oliva para que se dore.
2. Corta el pan por la mitad.
3. Coloque las 2 hojas de ensalada en la parte inferior del pan.
4. Cubrir la ensalada con la salsa de mostaza utilizando la manga pastelera.
5. Luego coloque el filete de pollo empanizado bien dorado, cortado por la mitad (transversalmente).

6. Coloque 2 rebanadas de queso cheddar sobre el pollo.
7. Terminar con unas patatas fritas muy calientes, sal y pimienta (al gusto), de nuevo con salsa de mostaza y cerrar el sándwich con la otra parte del pan.

32. SANDWICH CON DEDOS DE PESCADO EMPANADO Y SALSA TARTAR (VEGANA)

Ingrediente

- 1 bollo de cereal
- 2 cucharadas de salsa tártara
- 3 palitos de pescado con verduras empanizadas
- 1 rebanada de queso vegetal
- 2-3 hojas de ensalada (roble rubio)

Para la salsa tártara (por 190 gr):

- 1 tarro de mayonesa de verduras
- 1 cucharadita de jugo de limón
- 1 cucharada de mostaza
- 2 cucharadas de encurtidos finamente picados

- 1 cucharada de alcaparras picadas
- 1 cucharada de cebollino fresco picado
- Sal, pimienta (al gusto)

Preparación

1. Mezcle vigorosamente todos los ingredientes con un batidor de mano.

Para el bocadillo:

2. Pasar los palitos de pescado empanizados en una sartén con un poco de aceite de oliva para que se doren.
3. Corta el pan por la mitad.
4. Unte el fondo del pan con una capa de salsa tártara.
5. Coloque los 3 palitos de pescado empanizados encima.
6. Cubre el pescado con una loncha de queso, con una segunda capa de salsa tártara.
7. Terminar con unas hojas de roble y cerrar el bocadillo con la otra parte del pan.

33. SANDWICH ULTRA RÁPIDO Y SALUDABLE

Ingrediente

- 1 pequeño gluten
- baguette de sésamo y amapola gratis - 2 champiñones frescos pequeños
- 1 handful of young shoots
- 3 o 4 tomates confitados
- 1 puñado de piñones
- Tartimi de ajo y hierbas finas
- 1 chorrito de leche vegetal

Preparación

1. Cortar el pan a lo largo y poner en una tostadora y dejar enfriar.
2. Mientras tanto, mezcle 1 cucharada redondeada de tartimi con un chorrito de leche vegetal y bata vigorosamente para

hacer una salsa, ni demasiado líquida ni demasiado espesa, reserve.
3. Unta el pan con Tartimi, agrega los brotes tiernos a la mitad del pan y agrega un poco de salsa.
4. Cepille los champiñones, quíteles los tallos, luego córtelos en rodajas finas y colóquelos sobre la ensalada.
5. Agrega la salsa sobre los champiñones.
6. Picar los tomates confitados, agregar los piñones, agregar el resto de la salsa.
7. ¡Cierra el bocadillo y disfruta!

34. ENSALADA DE HUMMUS PARA SANDWICH DE INVIERNO [VEGANO]

Ingrediente

Para la ensalada de hummus

- 35g de garbanzos cocidos
- 4 cucharadas de hummus
- 2-3 cucharadas de jugo de limón recién exprimido (según su gusto / textura deseada)
- 2 cebolletas pequeñas (cebolla fresca)
- 1 zanahoria pequeña (o ½ grande)
- 1 cucharadita de mostaza
- De Espelette
- Una pizca de sal fina

Para el sandwich

- 2 rebanadas de pan de molde (con cereales)

- ½ remolacha cruda pequeña
- de encurtidos
- De gomasio (opcional)
- Tomate cherry (sin temporada, ¡pero no puedo prescindir de él !;)

Preparando la ensalada

1. Limpiar la zanahoria (pelarla si no es orgánica) y rallarla. Limpiar las cebolletas y picarlas.
2. En un bol, mezcle todos los ingredientes para la ensalada de hummus. Dosificar el jugo de limón según sus gustos y la textura deseada. Posiblemente se pueda alargar con un poco de agua; luego tenga cuidado de no perder sabor y sabor para volver a sazonar si es necesario

Ensamblaje de sándwich

1. Opcionalmente, tueste el pan de molde con la tostadora. Limpiar, pelar y rallar la remolacha (incluso orgánica, esta verdura me resulta tan difícil de limpiar bien que prefiero pelarla).
2. Coloque la mitad de la ensalada de hummus en una rebanada de pan para sándwich. Agregue la remolacha cruda rallada,

encurtidos. Espolvorear con gomasio. Agrega la otra mitad de la ensalada de hummus.
3. Cierre el bocadillo con la segunda rebanada de pan para bocadillo. Pinche 2 palillos en ambos extremos del sándwich, corte diagonalmente en los otros dos extremos y plante los tomates cherry en los palillos.

35. SANDWICH DE PEPINO PARA APERITIVO

Ingredientes (para unos quince sándwiches)

- 15 rebanadas de pan blanco
- 1 pepino
- 150 g de batido
- queso crema eneldo
- Sal pimienta

Preparación:

1. Coloca el queso batido en un bol con el eneldo picado.
2. Sal, pimienta y mezcla bien.
3. Pela el pepino y córtalo en secciones a la altura del cortador de galletas.
4. Corta las secciones a lo largo en rodajas.

5. Haga las formas deseadas con un cortador de galletas en las rodajas de pepino y las rebanadas de pan para sándwich (2 formas por rebanada).
6. Unta el pan y coloca el pepino en el medio.
7. Acomoda tus sándwiches en tu plato de presentación y reserva en el frigorífico.
8. Sándwich de pepino para aperitivo
9. Guarde el pan rallado para hacer pan rallado y los bordes de las rebanadas para hacer crutones.

36. SANDWICHES DE PAN POLAR Y SALMÓN DE VERDURAS

Ingrediente

- 1 paquete de pan polar
- 1 tarro de crema fresca Sour Supreme Tofutti
- 1 paquete de salmón vegetal
- cebolletas (frescas del huerto)
- 1 mini pepino (que se le había caído de la pata)
- sal pimienta

preparación

1. Unta crema fresca de tofutti sobre tus rebanadas de pan polar, tiene la

particularidad de ser muy espesa, de lo contrario lleva los nuevos productos que se encuentran en el mercado con hierbas y soja.
2. Luego corte el pepino y las cebollas, y esparza sobre sus pastas para untar, sal y pimienta.
3. ponga sus rodajas de salmón vegetal en el pan, córtelo en diagonal y disfrútelo frente a su computadora (o su televisor).
4. Disfrute de su comida.

37. MINI BAGUETTES CON SEMILLAS Y CEREALES

Ingredientes para 8 mini baguettes:

- 1 kg de harina ECOLÓGICA con Semillas y Cereales
- (harina de trigo, harina de centeno, harina de espelta, harina de trigo sarraceno, semillas de sésamo, semillas de mijo, semillas de lino marrón, semillas de girasol)
- 4 sobres de levadura seca de panadería de 5 gr cada uno
- 3 cucharaditas de sal
- 500 ml de agua tibia

Preparación

1. En un bol, poner la harina de Semillas y Cereales Ecológicos y la sal y mezclar.
2. Hacer un pozo y poner la levadura en el centro.
3. Vierta el agua tibia sobre ella y mezcle con una cuchara de madera durante 3 a 4 minutos, hasta que la masa forme una bola homogénea.
4. luego amasa la masa un poco a mano (esta es la parte que me encanta !!!)
5. poner un paño limpio sobre el fondo del cuenco de gallina y dejar reposar la masa durante 30 minutos en un lugar cálido. (Puse mi horno a calentar para mantener la función caliente a 50 ° C y luego estuve adentro después de 5 minutos. Luego puse mi masa en reposo en mi horno cerrado)
6. Dobla hacia atrás las 4 "esquinas" de tu masa y repite la operación después de dar 1/4 de vuelta.
7. Dar la vuelta a la bola de masa y dejar crecer nuevamente en un lugar cálido durante 45 minutos.
8. precalentar el horno a 210 ° C con un cuenco de agua dentro.

9. mientras tanto, separe la masa en 8 piezas iguales.
10. tomar una masa, enharinarla ligeramente si es necesario y darle forma de mini baguette.
11. Repita la operación para cada pieza de masa.
12. coloque 4 mini baguettes con semillas y cereales en una bandeja para hornear antiadherente y las otras 4 en una segunda bandeja para hornear.
13. Con la punta de un cuchillo de cerámica, haga muescas ligeras en forma de tirantes en cada mini baguette.
14. Con un cepillo de silicona, humedezca ligeramente cada mini baguette.
15. Hornea la 1ª bandeja de horno a 210 ° C durante 30 minutos.
16. sacar tan pronto como esté cocido. A continuación, poner la 2ª bandeja en el horno también durante 30 minutos a 210 ° C.

38. PEQUEÑO SANDWICH INGLÉS ORGULLOSO DE SUS ARÍGENES ESCANDINAVOS

Ingredientes

- Pan de sándwich inglés
- pepino
- eneldo
- caviar vegetariano (en ikea)
- St Hubert media sal, o blanda + 1 pizca de sal

Preparación

1. quita la corteza del pan, no harás nada con él (a tus gatos les encantará, ¿verdad? el mío vino como pez en un acuario a la hora de comer de todos modos), untar con el St Hub, espolvorear con eneldo, untar el caviar de verduras encima, cubra con rodajas de pepino (cortado a lo largo), vuelva a colocar una rebanada de pan untado también! encima.

39. SANDWICH VEGETARIANO ESPECIAL

Ingredientes:

- 6 rebanadas de pan blando de 7 granos de Harry
- 6 huevos.
- 10 cl de leche
- Sal pimienta.
- 2 zanahorias grandes.
- 1 hermoso calabacín.
- 1 cebolla
- 30 g de mantequilla.
- 2 cucharadas de aceite de girasol.
- 10 ramitas de cebollino.
- 1 buen tomate.
- 4 rodajas de Emmental.

- 3 cucharadas de mostaza a tu elección.

Preparación

1. Lava los calabacines. Pela las zanahorias y la cebolla. Rallar las zanahorias, el calabacín y la cebolla con un rallador grueso.
2. En la sartén, derrita la mantequilla con una cucharada de aceite a fuego bastante alto. Agregue las verduras, sal y pimienta y cocine, revolviendo ocasionalmente durante 5 a 7 minutos.
3. Mientras tanto, batir los huevos, agregar la leche. Picar las cebolletas. Revuelva todo. Vierta sobre las verduras. Cocine durante unos 5 a 8 minutos, revolviendo una o dos veces.

Entrenamiento de caballos:

1. Corta el tomate en rodajas después de lavarlo.
2. Unte la mostaza en un lado de cada rebanada de pan. Sobre una de las rodajas colocar 1 rodaja de Emmental y rodajas de tomate con unas ramitas de cebollino. Coloque la segunda rebanada encima. Sobre esta rebanada coloque una porción de tortilla. Añadir la última rebanada de Emmental y la última

rebanada de pan (lado de la mostaza hacia el interior).
3. En una sartén grill calentar un poco de aceite. Coloca el sándwich y cocínalo durante unos 5 minutos por cada lado.

40. CRUDO, BAJO IG

Ingrediente

- 60g de nueces
- 80g de anacardos
- 50 g de cacao en polvo
- 50g de coco rallado
- 2 cucharaditas de extracto de vainilla
- 60ml de sirope de agave

Preparación

1. Coloque todos los ingredientes en el tazón del procesador de alimentos y mezcle hasta que comiencen a combinarse.

2. Formar una bola con la masa y extenderla con un rodillo entre 2 hojas de papel pergamino
3. con un cortador de galletas, forme las galletas.
4. Reserva en el frigorífico mientras se prepara la nata.

Crema de coco y fresa:

- 1 caja de 400ml de leche de coco refrigerada durante al menos 1 noche (¡no cojas la luz!)
- 1 diez fresas
- 1 cucharada de fructosa

Preparación

1. Tritura las fresas y reserva.
2. Recoge la parte sólida de la leche de coco y bátela con la fructosa para batirla hasta formar la crema batida.
3. Cuando la nata montada esté bien ensamblada, verter aproximadamente 80-100ml de puré de fresa y seguir batiendo unos instantes.
4. Coloca la nata montada de fresa durante diez minutos en el congelador (para facilitar el montaje de los bocadillos)

5. Para el montaje de los sándwiches proporcione alrededor de 1 a 2 cucharaditas de crema de fresa por porción (por supuesto esto depende del tamaño de sus cortadores de galletas ...). Guárdalos en el congelador y sácalos 1 hora antes de comerlos.
6. El resto de la nata se puede utilizar como glaseado para cupcakes, salsas de frutas... Conservará de 2 a 3 días en la nevera.

41. SANDWICH VEGANO DOBLE DE SETAS Y ESPINACAS CON CREMA ESPECIADA.

INGREDIENTES

- Rebanadas de pan de molde
- 3 puñados de espinaca
- 1 tomate
- 1/2 cebolla
- 4 puñados de champiñones
- Una pizca de sal
- Perejil
- Pimienta negra
- 1 ajo
- Aceite de oliva

Para la salsa:

- 1 taza de leche de soja sin azúcar + reserva
- 4 cucharaditas de almidón de maíz (conocido como almidón de maíz o harina de maíz fina).
- 1 ajo
- 1 papa mediana
- 6 cucharaditas de levadura nutricional
- 3 cucharaditas de ajo en polvo
- 1 chorro largo de limón
- Una pizca de sal
- Tomillo
- Orégano
- Pimienta negra

Preparación

1. Empezaremos por preparar la salsa. Para ello calentar un chorro de aceite de oliva a fuego medio en una sartén y añadir uno de los ajos pelados y cortados por la mitad.
2. Cuando el ajo esté asado por ambos lados, agrega la taza de leche de soja, las 3 cucharaditas de ajo en polvo y deja hasta que empiece a hervir.
3. Mientras tanto, pelamos y cortamos una papa mediana en trozos pequeños. Hervir otra olla pequeña con agua y llevar a ebullición, poner

los trozos de papa adentro y cocinar hasta que estén tiernos.
4. En la otra olla, agregue 6 cucharaditas de levadura nutricional (o más), una pizca de sal, tomillo, orégano generoso y una pizca larga de limón.
5. Ahora, tomamos las 4 cucharaditas de maicena y las agregamos muy poco a poco, mejor si la tamizamos.
6. Bajamos el fuego a potencia media-baja, le añadimos bastante pimienta y con unas varillas, revolvemos rápidamente para evitar que se formen grumos. Rápido, porque espesará en unos minutos.
7. Lo que le dará cremosidad a nuestra salsa es la Fécula de Maíz, que al mezclarse con la leche vegetal caliente creará una crema ligeramente espesa. Puede compensar la densidad agregando más almidón o más leche vegetal.
8. Cuando la salsa comience a espesarse apagamos el fuego.
9. Añadir la patata y triturarla con las propias varillas. Seguimos revolviendo. Siempre puede utilizar una batidora de mano para corregir grumos.

10. Reservamos la nata y apostamos por el relleno.
11. Coger los champiñones y el ajo restante, cortarlos en rodajas y ponerlos en una sartén con un chorrito de aceite de oliva, pimienta negra y perejil. Los salteamos hasta que estén dorados.
12. Ahora hay dos opciones. Si, como yo, quieres hacer el sándwich doble separado por sabores, retira los champiñones cuando estén dorados, resérvalos y luego sofríe la cebolla y las espinacas por separado. O lo saltamos todos juntos, esto va a saborear.
13. Cuando tengamos todas las verduras tostadas, las mezclamos con la salsa (de nuevo por separado o juntas).
14. Si la salsa, después de reposar, queda muy espesa, añadir un poco de leche vegetal y calentar medio minuto para que recupere su cremosidad.
15. Ahora vamos a tostar el pan por ambos lados. Luego lo rellenamos con la nata, agregando otro poco de pimiento, levadura nutricional y sal por encima. Cubrimos con un par de rodajas de tomate y cerramos con otra rebanada de pan.

16. Colocamos otra capa de relleno encima y cerramos con la tercera y última rebanada de pan.
17. Sirve el sándwich doble vegano recién tostado, tibio y con la salsa cremosa.

42. SANDWICH DE PASTA DE GARBANZOS Y AGUACATE

INGREDIENTES

- 8 rebanadas de pan integral de espelta
- 200 g de garbanzos BIO (ya cocidos)
- 1 aguacate
- Unas hojas de cilantro
- 1 chorrito de limón
- 2 cucharadas de aceite de oliva
- Sal y pimienta
- Hojas verdes, rodajas de tomate y brotes de alfalfa

Preparación

1. Para preparar la pasta de garbanzos y aguacate, poner en un bol los garbanzos y el aguacate y triturarlos con un tenedor. Agrega el limón, la sal, la pimienta, el aceite de oliva y las hojas de cilantro finamente picadas y mezcla bien.
2. Arme los sándwiches colocando primero la pasta en capas, luego unas rodajas de tomate y unas hojas verdes, y finalmente unos brotes de alfalfa.

43. SANDWICH DE HUMMUS DE REMOLACHA

Ingredientes

- 8 rebanadas de pan integral de espelta
- Hummus de remolacha (ver receta aquí)
- Col lombarda, cortada en juliana
- Hojas verdes

Preparación

1. Preparamos el hummus de remolacha siguiendo la receta que Gloria nos compartió hace unos meses.
2. Montar los sándwiches colocando una primera capa de hummus de remolacha y continuando con la col lombarda cortada en finas tiras en juliana. Terminamos con algunas hojas verdes.

44. SANDWICH DE TOFU BACON

INGREDIENTES

- 8 rebanadas de pan integral de espelta
- 4 cucharaditas de mostaza orgánica
- 250 g de tofu firme
- 2 cucharadas de salsa de soja BIO Tamari
- 1 cucharadita de pimentón de La Vera
- ½ cucharadita de ajo en polvo
- Aceite de oliva
- 1 tomate
- Hojas verdes

Preparación

1. Para hacer el tocino de tofu, dividimos el bloque en tres partes y cortamos cada una en rodajas finas (de unos 3 mm de grosor). De esa forma tendremos tiras parecidas a la forma de tocino.
2. Ponemos las tiras en una sartén (si no caben todas lo hacemos varias veces dividiendo la cantidad de especias y tamari) con un chorrito de aceite de oliva y ajo en polvo.
3. Doramos bien por ambos lados, cuidando de no quemarlos. Cuando estén dorados, agrega el pimentón y el tamari y continúa cocinando a fuego lento durante 1 minuto más por cada lado.
4. Arme los sándwiches esparciendo primero una cucharadita de mostaza sobre las rodajas. pan de molde. A continuación colocamos unas rodajas de tocino de tofu y, por último, las rodajas de tomate y las hojas verdes elegidas.

45. SANDWICH VEGANO CON AGUACATE, RÚBULA, TOMATE Y MAYO DE FRAMBUESA

Ingredientes (para dos bocadillos veganos)

- Pan sándwich (recomiendo especialmente el pan sándwich con poca miga)
- Palta
- Tomate
- Rúcula fresca
- Cebolla
- Aceite de oliva
- Para la mayonesa de frambuesa (sin huevo):

* La mayonesa de frambuesa te durará unos 6 bocadillos. Dura perfectamente varios días en la nevera, pero mejor si lo guardas en un recipiente hermético.

- 1/4 taza de leche de soja (Lo ideal es que la leche de soja no tenga azúcar. Yo uso la versión más neutra (ladrillo blanco) de Mercadona).
- Media taza de aceite de girasol
- una pizca de sal
- Un chorrito de limón
- Un puñado de frambuesas frescas.
- Necesitaremos una batidora de mano.

Preparación

1. El primer paso será preparar la mayonesa de frambuesa. Para ello, en un recipiente hondo mezclamos la leche de soja, el aceite de girasol, una pizca de sal y trituramos.
2. La mejor manera de batir una mayonesa es sumergir la batidora de mano por completo y licuar la mezcla de arriba abajo poco a poco. No te preocupes, es muy fácil.
3. A continuación, agregue un chorrito de limón y frambuesas y vuelva a licuar.
4. Seguimos cortando en rodajas el aguacate y el tomate, y reservamos.
5. A continuación, ponemos a tostar el pan y lo dejamos hasta que esté ligeramente dorado.

6. Mientras tanto, cortamos la cebolla en aros y los doramos en la sartén. Para ello, engrasamos la sartén con un poco de aceite de oliva y, cuando el aceite esté caliente, doramos los aros durante 2 o 3 minutos, a fuego medio-alto. Solo tienen que recoger algo de color.
7. Ahora, seleccionamos algunas hojas de rúcula.
8. Cuando el pan esté tostado, untarlo abundantemente con la mayonesa de frambuesa.
9. Luego, colocamos en la base hojas de rúcula, rodajas de tomate, aguacate, unos aros de cebolla y rematamos la parte superior del sándwich con otro poquito de salsa. ¡Cerramos y vamos!

46. SANDWICH BLT

Ingredientes

Para el tocino:

- 150gr de tofu (previamente escurrido)
- 1 cucharada de salsa Worcestershire vegana
- 2 cucharadas de sirope de arce
- 1/2 cucharada de salsa de soja
- 1 cucharada de aceite de coco

Para el bocadillo:

- 4 rodajas de rodajas pan de molde
- 1 tomate en rodajas
- Lechuga francesa
- Mayonesa vegana

Preparación

1. Cortar el tofu (previamente escurrido) en 8 tiras.
2. En un tazón grande agregue la salsa Worcestershire, el jarabe de arce y la salsa de soja. Mezclar bien. Agrega las tiras de tofu y deja marinar por 15 minutos.
3. Coloca el aceite de coco en una bandeja de aluminio y barniza bien.
4. Coloque las tiras de tofu encima y hornee a 350 ° durante 25 minutos. Hornee a 400 ° durante 5 minutos y apague. Retirar del horno.
5. Coloque mayonesa vegana en cada pan, agregue tomate, lechuga y 4 tiras de tocino por sándwich.

47. SANDWICHES EMPANADOS VEGANOS

INGREDIENTES (2 SANDWICHES)

- 4 lonchas de butifarra vegana (tipo pavo, jamón ...)
- 4 lonchas de queso vegano
- 4 rodajas de rodajas pan de molde
- 3 cucharadas de harina para rebozar sin huevo (tipo "harina de Yolanda")
- 1 vaso de agua
- Aceite de oliva

PREPARACIÓN

1. Empezamos como en los sándwiches mixtos de toda la vida, colocando las rebanadas de queso y chorizo vegano sobre una rebanada de pan asegurándonos de que no sobresalgan.

Cubrimos con otra rodaja y cortamos por la mitad, dejando dos triángulos. Hacemos lo mismo con el otro sándwich vegano.

2. Para preparar la masa, mezclar el agua tibia con la harina en un plato hondo y remover con unas varillas hasta que no queden grumos. Debe tener una textura similar a la del huevo. Cuanto más densa hagamos esta mezcla, más espesa y crujiente quedará la masa en nuestros bocadillos, por lo que dependiendo de tus gustos puedes agregar un poco más de harina.
3. En caso de que no cuentes con harina especial para rebozados, puedes usar otro tipo de harina y hacer la misma mezcla pero agregando una pizca de cúrcuma para darle un poco de color.
4. Ponemos un dedo de aceite en una sartén y sofreímos con cuidado nuestros triángulos de sándwich por ambos lados, hasta que estén dorados. Retirar en un plato con papel de cocina para eliminar el exceso de aceite.
5. Lo mejor es disfrutarlas calientes así que ...

48. SANDWICH DE SETAS PORTOBELLO Y CEBOLLA CARAMELIZADA

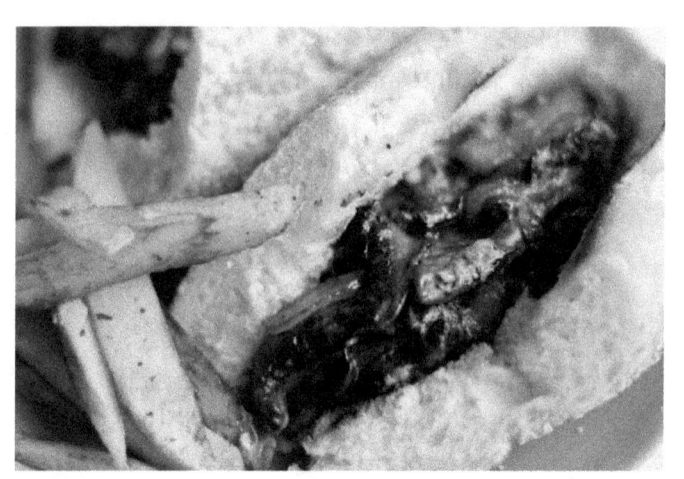

Ingredientes

- 1 cebolla blanca en rodajas
- 2 cucharadas de aceite de oliva
- 1 ½ cucharada de sirope de arce
- 1 pizca de sal
- 4 hongos portobello grandes
- 2 cucharadas de salsa Worcestershire
- ½ taza de queso vegano rallado
- A su servicio:
- Pan baguette
- papas fritas

Preparación

1. Coloque una sartén grande a fuego alto, agregue el aceite, cuando esté caliente

agregue las rodajas cebolla y cocine por 2 minutos, revolviendo bien. Agrega el arce, mezcla y tapa la sartén. Cocine por 4 minutos a fuego medio o hasta que la cebolla esté traslúcida.
2. Cortar los hongos portobello en tiras o "filetes", agregarlos a la sartén junto con la cebolla y agregar la salsa Worcestershire. Sube el fuego a máxima potencia y cocina, revolviendo bien durante 5 minutos.
3. Cuando los bordes de los champiñones comiencen a dorarse, agregue el queso vegano y revuelva a fuego medio. Ajustar el punto de sal y retirar del fuego.
4. Sirve sobre pan tipo baguette previamente tostado o calentado en la sartén. Acompaña con patatas fritas.

49. SANDWICH CON PAN DE MIEL

Ingredientes para 2 personas:

- 1 vaso de mijo
- 1 cebolla picada
- una pizca de cúrcuma
- mar sal
- aceite de oliva
- 3 vasos de agua

Para el llenado:

- 1 bloque de tofu ahumado cortado en rodajas (marinado con salsa de soja y hierbas aromáticas si queremos)
- germinado
- 2 rábanos

- lechugas mixtas
- semillas de sésamo tostadas
- para untar: paté de verduras, o mantequilla de nueces emulsionada con agua caliente

Preparación:

1. Caliente el aceite en una cacerola, agregue la cebolla y una pizca de sal, cocine por 10-12 minutos. Lavar el mijo y añadirlo a la cazuela junto con 3 vasos de agua, una pizca de cúrcuma y otra pizca de sal, llevar a ebullición, reducir al mínimo y tapar bien.
2. Prepara el tofu a la plancha.
3. Cortar un trozo de mijo de forma rectangular a cuadrada, untarlo con paté de verduras o mantequilla de nueces, agregar lechugas variadas, los rábanos finamente cortados, una rodaja de tofu, más lechuga y unos brotes, otra rodaja, cortar otra pieza de Mijo del mismo tamaño y lo untamos con lo que queramos y lo colocamos boca abajo para cubrir el bocadillo. Adorne con semillas de sésamo tostadas encima.

50. TOMATEN-BASILIKUM-SANDWICH

Zutaten

- 2 - 3 Tomaten längs geschnitten
- 1 großzügige Prise Salz
- 1 EL Olivenöl
- 1 - 2 getrocknete italienische Kräuter
- 1 Schuss Balsamico-Essig
- 2 Scheiben Brot
- Veganer Frischkäse
- 4 - 5 Basilikumblätter
- Schwarzer Pfeffer

Vorbereitung

1. Eine Pfanne mit Öl und Kräutern bei mittlerer Hitze erhitzen. Sobald sie heiß sind, fügen Sie die Tomaten in einer einzigen Schicht hinzu.
2. Füge Salz hinzu. Wenn sie weich sind, fügen Sie einen Spritzer Balsamico hinzu, während Sie die Pfanne schütteln.
3. Mach das Feuer aus. Dieser Vorgang sollte nur wenige Minuten dauern.
4. Das Brot mit dem Käse bestreichen, das gehackte Basilikum und den gemahlenen Pfeffer hinzufügen.
5. Die Tomaten darauf legen.
6. Das Sandwich grillen oder einfach zuerst das Brot toasten, dann die Tomaten und den Käse hinzufügen.

51. NOPAL-SANDWICH

Zutaten

- 2 Scheiben Vollkornbrot
- 2 EL gebratene Bohnen
- 2 Salatblätter
- 2 kleine Nopales
- 100 g Sojakäse
- Salz und Pfeffer nach Geschmack
- 1 Teelöffel. Essig

Vorbereitung

1. Die 2 Nopales mit Salz und Pfeffer nach Geschmack 5 Minuten rösten und den Käse auf den Nopal gratinieren.
2. 2 Scheiben Brot toasten.

3. Sobald das Brot geröstet ist, verteilen Sie die 2 Teelöffel Bohnen
4. Nopales mit Käse, Salat, Avocado, Tomate zum Brot geben und etwas Essig hinzufügen.
5. das Sandwich halbieren.

52. ROHES SANDWICH MIT AVOCADO ALI-OLI

Zutaten für 2 Personen:

- 1 Avocado
- 1/2 Knoblauchzehe
- 1 Teelöffel Umeboshi-Paste
- 1/2 Zitrone
- 2 Karotten, gerieben
- gekeimt
- verschiedene Arten von grünen Blättern (Feldsalat, Rucola ..)

Für das "Brot":

- 1/2 Glas Sesam
- 1/2 Tasse Kürbiskerne

- 1 große Karotte, fein gerieben
- 2 Esslöffel getrocknetes Zwiebelgranulat
- 2 Esslöffel getrocknetes Basilikum

Besondere Küchenutensilien:

- Dörrgerät (oder in der Sonne trocknen oder bei minimaler Temperatur mit Ventilator und leicht geöffneter Tür backen, um die Luft zu zirkulieren)

Vorbereitung:

1. Die Nacht vor dem Brotbacken:
2. Zerkleinern Sie alle Zutaten, fügen Sie etwas Wasser hinzu, bis wir eine handhabbare Konsistenz haben, verteilen Sie es auf einem Paraflexx-Blatt oder auf Backpapier (3 Schichten) und trocknen Sie es 8 Stunden lang bei 105 ° F. Nach Ablauf dieser Zeit umdrehen und weitere 1h ohne Papier oder Folie trocknen.
3. Avocado-Ali-Oli zubereiten: 1/2 Zitrone auspressen und mit Avocado, Knoblauch und Umeboshi-Paste zerdrücken.
4. Das Brot mit Ali-Oli bestreichen und mit der geriebenen Karotte, den grünen Blättern und den Sprossen füllen.

53. SANDWICH EXTRA

Zutaten

- 1 Laib französisches Brot
- 400 Gramm süße Kirschtomaten
- 1 mittelgroße Aubergine
- 1 Bund Basilikum, gehackt
- 2 Scheiben veganer Käse-Tofutti- (optional)
- Olivenöl
- Salz
- Pfeffer

Vorbereitung

1. Den Ofen vorheizen.
2. Die Tomaten halbieren und mit der Seite nach oben in eine Auflaufform legen.

3. Mit einer großzügigen Prise Salz und 2-3 EL Olivenöl bestreuen.
4. 70-80 Minuten in einem niedrigen Ofen backen.
5. Die Aubergine schälen und in Scheiben schneiden.
6. Mit einer großzügigen Prise Salz und 1/2 Tasse Olivenöl bestreuen.
7. 35-45 Minuten backen (niedrig), bis die Aubergine weich und golden ist.
8. Schneiden Sie das Brot in zwei gleiche Teile.
9. Das Brot mit Olivenöl einreiben und das Gemüse dazugeben.
10. Backen, bis das Brot knusprig ist und der "Käse" schmilzt.
11. Verbinden Sie die 2 Brothälften, um das Sandwich zu bilden.

54. TOFU-SANDWICH MIT MAYONNAISE UND FRISCHEN KRÄUTERN

Zutaten

- 1 mittelgroßer Tofublock (genug für das Sandwich)
- 1/4 vegane Mayonnaise
- 1 Esslöffel Senf
- Fein gehackter Sellerie nach Geschmack
- 1 Teelöffel Zitronensaft
- Frische Kräuter nach Geschmack
- Salz nach Geschmack
- Pfeffer nach Geschmack
- Alfalfa
- Weiß- oder Vollkorn in Scheiben geschnitten Brot (vegan!, auf die Kennzeichnung achten)

Vorbereitung

1. Für dieses exquisite Rezept für die vegetarische Küche nehmen wir zunächst den Tofu und zerbröckeln ihn, dann mischen wir ihn in einem Behälter mit der veganen Mayonnaise, Senf, gehacktem Sellerie, Zitrone, frischen Kräutern, Pfeffer und Salz nach Geschmack. Wir rühren sehr gut um, um eine sehr dicke Paste zu erhalten.
2. Sobald sie fertig sind, bestreichen wir das Brot einfach mit dieser Pasta und geben etwas frische Luzerne obendrauf.

55. VEGETARISCHES SANDWICH MIT KÜRBIS-MAYONNAISE

Zutaten

- 1 mittelgroße Aubergine
- 1 mittelgroßer Zuccini-Kürbis
- 4 Scheiben Kürbis
- Pulverisierte Gemüsebrühe
- Veganer Käse
- Salz c / n
- Öl c / n
- Wasser c / n

Vorbereitung

Kürbismayonnaise:

1. In eine Pfanne legen wir den in Würfel geschnittenen Kürbis gleichmäßig

2. Wir geben Wasser, um die Würfel zu bedecken, bestreuen mit der pulverisierten Gemüsebrühe und lassen sie kochen, bis die Würfel gar sind.
3. Nach dem Garen vom Herd nehmen (es sollte kein Wasser mehr übrig sein, da es beim Kochen verbraucht wird), die Würfel in eine Schüssel geben, den Joghurt hinzufügen und verarbeiten.
4. Korrektes Salz und ggf. Pfeffer.

Für die Sandwichfüllung:

1. Auberginen und Zuccini filetieren und grillen.
2. Wählen Sie ein niedriges Brot mit wenig Krümel, aber lang.
3. Mit Mayonnaise bestreichen und auffüllen.
4. Sie können Sprossen, Avocadospalten und Salatblätter hinzufügen.

56. AUBERGPLANTAPETESANDWICH

Zutaten

- 4 Scheiben Vollkornbrot
- Tahini
- Oliven
- Knoblauch und Zitronensaft
- Olivenöl und Salz

Vorbereitung

1. Die Auberginen werden 20 Minuten gebacken.
2. Sie werden geschält und mit Zitronensaft, Knoblauch, Tahini und Öl zerdrückt und nach Belieben gewürzt.
3. Die Scheiben werden mit dieser Pastete bestrichen, halbiert, aufgerollt und mit Oliven dekoriert.

57. SANDWICH MIT TOFU

Zutaten

- 1/4 Kilo de Tofu fest
- Olivenöl
- Eine reife Tomate
- Pfanne
- Eine Avocado
- 6 TL Knoblauchpulver
- 6 TL Zwiebelpulver
- 1/2 TL Salz
- 1 TL schwarzer Pfeffer
- 1 TL Kreuzkümmel
- 1 TL rote Paprika
- Kopfsalat

Vorbereitung

1. Den Tofu durch das Olivenöl und dann durch die Gewürzmischung streichen.
2. In etwas Olivenöl bei starker Hitze goldbraun braten. Stellen Sie das Sandwich zusammen, indem Sie das Brot halbieren und mit Salat, Tomate, Avocado und Tofu füllen.

58. QUINOA UND PILZSANDWICH

Zutaten für 2 Personen:

- 1 Topf Quinoa
- 1 Zwiebel in Halbmonde geschnitten
- eine Prise Kurkuma
- Meer Salz
- 2 Gläser Wasser
- 1 Knoblauchzehe, gehackt
- 1 fein geriebene Karotte
- 7 Pilze
- geröstete Pinienkerne
- Olivenöl
- Sojasauce (Tamari)

Vorbereitung:

1. Quinoa waschen, etwas Öl in einem Topf erhitzen und den gehackten Knoblauch anbraten, Quinoa dazugeben und 2 Minuten rösten. Dann die 2 Gläser Wasser, eine Prise Salz und die Kurkuma dazugeben, aufkochen, auf ein Minimum reduzieren und 20 Minuten zugedeckt zugedeckt.
2. Zum Abkühlen in eine große Schüssel geben und die geriebene Karotte dazugeben. Legen Sie es flach auf einen Teller (um später schneiden zu können).
3. Zwiebel mit etwas Olivenöl und Salz 10 Minuten anschwitzen, Champignons und einen Spritzer Sojasauce dazugeben, anbraten bis die Flüssigkeit verdampft ist, einige Pinienkerne dazugeben und pürieren.
4. Mit einer Schicht Quinoa, dem Pilzpüree und einer weiteren Schicht Quinoa zu einem Sandwich formen. Mit Champignons und Pinienkernen dekorieren.

59. GEBRATENES TOFU-SANDWICH

ZUTATEN

- 2 Scheiben Thins 8 Cerealien
- ½ Block fester Tofu
- 1 TL Apfelkonzentrat
- 2 TL Tamari oder Sojasauce
- 1 cm frische Ingwerwurzel
- 75gr. Cashewnüsse (2 Stunden eingeweicht)
- Der Saft einer halben Zitrone
- 1 gehäufter EL Bierhefe
- Schnittlauch, gehackt nach Geschmack
- Einige rote Salatblätter
- Soll
- Wasser

VORBEREITUNG

1. Um den Tofu zu schmoren, schneiden wir ihn zunächst in große, dünne Filets und braten ihn in der Pfanne mit etwas Öl von beiden Seiten goldbraun an. Andererseits schälen wir den Ingwer und reiben ihn. Wir geben es zusammen mit der Tamarisauce (oder Sojasauce) und dem Apfelkonzentrat in die Pfanne. Wir fügen auch Wasser hinzu, um den Tofu zu bedecken. Bei niedriger bis mittlerer Hitze kochen lassen, bis die Flüssigkeit verbraucht ist.
2. Für die Sauerrahmzubereitung werden wir die Cashewkerne (vorher zwei Stunden eingeweicht) mit der Bierhefe, dem Zitronensaft und etwas Wasser zerdrücken. Sobald wir die gut zerkleinerten Cashewkerne haben, fügen wir nach und nach Wasser hinzu, bis wir eine mehr oder weniger dickflüssige Creme erhalten, je nach Geschmack, und fügen Sie Salz hinzu. Mit etwas Schnittlauch verleihen wir unserem Sauerrahm einen Hauch.
3. Wir stellen unser Thins-Sandwich zusammen und arrangieren eine Basis aus roten Salatblättern, den geschmorten Tofufilets und Sauerrahm.

60. GEMÜSESANDWICH

Zutaten:

- 2 Karotten
- 4 Esslöffel Zuckermais
- 1/2 Zucchini
- 3 Radieschen
- ein paar Kohl oder Kohl
- Laub
- ein paar Bataviasalatblätter
- 1 Tasse frischer Feldsalat
- 2 Tomaten
- gemahlener schwarzer Pfeffer
- Salz nach Geschmack

- 8 Scheiben geschnitten Brot oder Sandwichbrot
- Für die Veganesa (Gemüsemayonnaise):
- 50 ml Sojamilch (nicht süß)
- 150 ml Sonnenblumenöl
- 1 Esslöffel Apfelessig
- 1/2 Teelöffel Senf
- 1/4 Knoblauchzehe (ohne Nerven)
- Salz nach Geschmack

Vorbereitung

1. Legen Sie die Brotscheiben zum Toasten in den Toaster oder in eine flache beschichtete Pfanne, in Portionen, während wir die Füllung herstellen.
2. Alles Gemüse gut waschen. Julienne (von Hand oder mit einer Mandoline, oder wenn Sie keine haben, mit einer Reibe mit großen Löchern servieren) die Karotten, Zucchini, Kohl und Radieschen, mit dem Mais mischen, alles mit einer Prise Salz bestreuen (weniger als 1/4 Teelöffel) und in eine Schüssel auf saugfähigem Küchenpapier geben.
3. Auf der anderen Seite die Tomaten in dünne Scheiben und den Salat in mittelgroße Stücke schneiden.
4. Um den Veganen zuzubereiten, geben Sie die Sojamilch und den Senf in einen hohen

Behälter, der etwas breiter als der Arm des Mixers ist (oder verwenden Sie einen Mixer) und fügen Sie bei mittlerer Geschwindigkeit nach und nach das Öl hinzu. von Sonnenblumen und versuchen Sie zu Beginn, den Mixer nicht zu bewegen, bis er emulgiert. Schlagen Sie weiter und fügen Sie das Öl hinzu, und fügen Sie dann den Rest der Zutaten für die Veganer hinzu. Abschmecken und bei Bedarf salzen.

5. Entfernen Sie das Küchenpapier von den Zutaten, die wir in Julienne geschnitten haben und mischen Sie sie mit dem Veganen. Damit haben wir schon unsere Sandwichfüllung.

6. Um jedes Sandwich zusammenzustellen, legen wir auf eine Scheibe frisch geröstetes Brot einige Salatstücke, dann einige Tomatenscheiben, bestreuen mit schwarzem Pfeffer und fahren mit ein paar Esslöffeln Füllung fort und schließen mit mehr Salat, dem Feldsalat und einer weiteren Scheibe ab Brot.

61. TOFU UND MISO SANDWICH

Zutaten

- 2 EL rotes Miso
- 2 EL Zitronensaft
- 2 EL Zucker
- 2 EL Tamari oder Sojasauce
- 1 EL Nährhefe
- 1/4 TL Flüssigrauch
- 1 Päckchen fester Tofu abgetropft

Vorbereitung

1. Den Ofen vorheizen.

2. Wickeln Sie den Tofu (bereits abgetropft) in einige Papiertücher und legen Sie etwas Schweres für 10-20 Minuten darauf.
3. Tofu auspacken und in dünne Scheiben schneiden.
4. Mit der Marinade in eine Schüssel geben und 10 Minuten ruhen lassen. 20 Minuten backen.
5. Aus dem Ofen nehmen und abkühlen lassen.
6. Für die Marinade Miso, Zitrone, Zucker, Tamari, Hefe und Rauch vermischen.
7. Machen Sie das Sandwich mit Toast, Spinatblättern und veganer Mayonnaise.

62. WILDES SPARGEL-PILZ-SANDWICH

Zutaten

- 4 kleine Scheiben Brot
- 5 grüner Spargel
- 6 kleine Pilze
- 2 Scheiben Zwiebel
- 2 kalifornische Pflaumen, entkernt
- Weißer Pfeffer
- Öl
- Wasser
- Salz

Vorbereitung

1. In einer kleinen Pfanne einen Teelöffel Öl hinzufügen und erhitzen. Wenn es heiß ist, den Spargel hinzufügen und würzen. 3 Minuten bei starker Hitze mit Deckel in der Pfanne anbraten (damit es nicht spritzt).
2. Legen Sie eine Scheibe geschnitten Brot auf einem Teller anrichten und den Spargel gut ausgerichtet darauf legen. mit einer weiteren Scheibe Brot bedecken.
3. In dieselbe Pfanne einen weiteren Teelöffel Öl geben, erhitzen und die Pilze mit dem zuvor abgetrennten Stiel zusammenlegen. eine Prise Salz, zugedeckt weitere 3 Minuten bei starker Hitze unter gelegentlichem Rühren auf beiden Seiten garen. Legen Sie sie auf die Brotscheibe, bilden Sie einen zweiten Boden und bedecken Sie sie mit einer weiteren Brotscheibe.
4. Wir kehren zur Pfanne zurück und legen die Zwiebelscheiben mit einem Tropfen Öl und Salz ein. hohe Hitze und Deckel für eine Minute. Wenn es goldbraun ist, fügen Sie die 2 in kleine Stücke geschnittenen Pflaumen zusammen mit einem Spritzer Wasser (ca. 3 Esslöffel) hinzu. Wir stellen eine hohe Hitze

auf und rühren, bis das Wasser verdampft ist.

5. Wir verteilen diese Mischung über die vorherige Brotscheibe, um eine dritte Etage zu bilden. Mit einer weiteren Scheibe bedecken, alles mit der Hand leicht zerdrücken und das gesamte Sandwich in die Pfanne nehmen, um das Brot ein wenig zu toasten, ohne Öl oder Fett, da es nicht notwendig ist. wir wenden uns dem Toast auf der anderen Seite zu.

6. Wir legen es auf einen Teller und halbieren es, um es bequemer zu essen.

63. SANDWICH MIT GURKEN, KAROTTEN UND SPINAT.

Zutaten

- 2 Weizentortillas (zur Herstellung mexikanischer Tacos)
- 1/2 Tasse Hummus
- 1 kleine Gurke, sehr dünn geschnitten (ungefähr 1/2 Tasse)
- 1 Karotte, gerieben (ca. 1/3 Tasse)
- 1 und 1/2 EL Tamari (oder Sojasauce)
- 1 und 1/2 EL Reisessig
- Schwarzer Pfeffer
- 2 Handvoll Babyspinat
- Tabasco optional

Vorbereitung

1. Gurke mit Karotte mischen.
2. Tamari und Reisessig hinzufügen und umrühren.
3. 5-10 Minuten (oder mehr, falls gewünscht) marinieren lassen.
4. Die Tortillas erhitzen (sie können einige Sekunden in der Mikrowelle mit einem Papiertuch darunter oder in einer Pfanne sein).
5. Bestreichen Sie die Tortillas mit dem Hummus, jeweils 3-4 EL, und achten Sie darauf, dass die gesamte Oberfläche bedeckt ist.
6. Dies wird dem Sandwich-Stick helfen.
7. Gurken, dann Karotten schichten und mit frischem Pfeffer bestreuen.
8. Eine Schicht Babyspinat hinzufügen.
9. Rollen Sie sie auf und erhitzen Sie sie auf einer Grillplatte, um diese goldenen Flecken zu erzeugen.
10. Sofort servieren und essen.

64. VEGANES TOFU-SANDWICH

Zutaten

- Tofu fest
- Brotlaib (Schimmel)
- Frische Tomaten
- Aprikosen- oder Römersalat
- Sojasauce
- Koriander
- Oliven oder Raps akzeptiert

Vorbereitung

1. Zuerst musst du den Tofu in Scheiben schneiden und den Überschuss der Molke entfernen.

2. Wir erhitzen eine beschichtete Bratpfanne mit etwas Olivenöl. Tofu auflegen und mit Koriander dekorieren, etwas bräunen lassen, bis er eine festere Konsistenz und von beiden Seiten eine köstliche goldene Farbe annimmt. Wir fügen etwas Sojasauce hinzu, um ihm mehr Farbe und Geschmack zu verleihen. Wir warten, bis die gesamte hinzugefügte Sauce verdampft ist, und stellen eine niedrige Hitze ein.
3. Währenddessen bereiten wir das Brot zu, nach Belieben mit etwas veganer Mayonnaise oder alleine.
4. Wir fügen den bereits gekochten Tofu zusammen mit dem in Scheiben geschnittenen hinzu Tomate, der Römersalat in Stücken. Sie können auch ein wenig jungfräulichen Senf hinzufügen und es wird total lecker!

65. VEGANES SANDWICH ZUM MITNEHMEN

Zutaten:

- 1 oder 2 Piquillo-Paprikaschoten aus der Dose.
- 1 Frühlingszwiebel in ziemlich dicke Scheiben geschnitten (4 Scheiben)
- Ein Stück grob geschnittene Zucchini.
- Kopfsalat
- Geschnitten natürliche Tomaten.
- Salz und Olivenöl
- Ein einfacher (veganer) Sojajoghurt
- Eilose Mayonnaise)

Vorbereitung

1. Den geschnittenen Schnittlauch und die Zucchini legen wir auf einen Teller. Wir fügen Salz nach Geschmack und einen Schuss Olivenöl hinzu. Wir stellen dies für 2 Minuten bei maximaler Leistung in die Mikrowelle. Sobald es fertig ist, legen wir es auf das Sandwich.
2. Wir öffnen die Piquillo-Paprikaschoten in der Mitte und legen sie zusammen mit den restlichen Zutaten auf das Sandwich.

66. SANDWICH AUS PITA BROT UND SANFAINA

Zutaten

- 4 Fladenbrote aus Vollkornbrot
- 2 Auberginen
- 2 Zucchini
- 3 geschälte Tomaten
- 1 rote Paprika
- 2 gehackte Zwiebeln
- 2 Knoblauchzehen, gehackt
- Oliven, Petersilie und Pfeffer
- Oregano Olivenöl und Salz

Vorbereitung

1. Ein Behälter mit Öl wird erhitzt, in den die Zwiebeln gegeben werden.
2. Nach einigen Minuten das restliche Gemüse mit Knoblauch, Petersilie und Oregano dazugeben und mit Salz und Pfeffer abschmecken.
3. Lassen Sie die Mischung 15 Minuten kochen und fügen Sie die entkernten schwarzen Oliven hinzu.
4. Die Fladenbrote werden gebacken, geöffnet und mit dem zubereiteten Eintopf gefüllt.

67. AVOCADO-SANDWICH

Zutaten

- 2 Scheiben (pro Sandwich) Brot
- 2 - 3 EL Sauerkraut
- 1/4 Avocado (Avocado) in Scheiben geschnitten
- 1 EL geriebener Tofu
- 2 - 3 EL Sojamayonnaise
- 1 EL Ketchup
- 2 EL Margarine

Vorbereitung

1. Die Margarine auf dem Brot verteilen und toasten.
2. Dann Mayonnaise, Ketchup und Sauerkraut verteilen.

3. Dann die in Scheiben geschnittenen Avocado auf eine einzelne Brotscheibe geben und mit dem Tofu bestreuen.
4. Verteilen Sie mehr Margarine auf der Außenseite des Brotes und
5. Grillen, bis das Sandwich goldbraun ist, etwa 3-5 Minuten.

68. ZUCCHINI-MUTABAL

Zutaten:

- 2 mittelgroße Zucchini (700 g)
- 3 Esslöffel weißes Tahin
- 2 Knoblauchzehen
  2 Esslöffel ungesüßter Sojajoghurt
- 2 Esslöffel Zitronensaft
- 4-5 Minze- oder Krauseminzblätter (optional)
- 1 Esslöffel Olivenöl (optional)
- ¼ Teelöffel süßer Paprika (optional)
- ¼ ein Teelöffel salz

Vorbereitung

1. Backofen auf 200 °C vorheizen.
2. Die Zucchini waschen, die Spitze (das Stielstück) entfernen und der Länge nach halbieren. Das Zucchinifleisch schräg einschneiden, ohne die Haut zu erreichen (wir wollen es nicht in Stücke schneiden, sondern tiefe Kerben machen, um es etwas schneller zu grillen) und mit etwas Salz bestreuen.
3. Legen Sie die Zucchini mit der Haut nach oben auf ein mit Pergamentpapier ausgelegtes Backblech.
4. Legen Sie sie in den Ofen und lassen Sie sie 30-35 Minuten braten, bis Sie sehen, dass sie zart sind. Sie müssen nicht gebräunt werden.
5. Das Fleisch vorsichtig mit einem Löffel aus der Zucchini nehmen und in das Mixerglas geben (Achtung: sie können mit Haut und allem gefüllt werden, aber da meine Zucchini sehr dunkel waren, habe ich mich entschieden, es nicht hinzuzufügen). Wenn sie stark anbrennen, lassen Sie sie etwas abkühlen.

6. Die Knoblauchzehen schälen, halbieren und die Mittelrippe entfernen. Den Knoblauch mit der Zucchini in den Mixer geben und das Salz und Tahini hinzufügen. Optional können Sie gemahlenen Kreuzkümmel, frischen Koriander und schwarzen Pfeffer hinzufügen. Schlagen Sie es und fügen Sie nach und nach Zitronensaft und Sojajoghurt hinzu, damit Sie die Konsistenz der Creme überprüfen können. Alles weiter zusammenschlagen, bis eine glatte Creme entsteht, obwohl nichts passiert, wenn noch Stückchen übrig sind. Probieren Sie es und korrigieren Sie das Salz, wenn nötig. Wenn Sie der Meinung sind, dass die Mischung zu dick oder zu dick ist, können Sie noch ein oder zwei Esslöffel Sojajoghurt hinzufügen.
7. Sie können die Creme warm oder kalt servieren. Verwenden Sie das Olivenöl, die Minzblätter und das Paprikapulver, um es kurz vor dem Servieren darauf zu geben (es ist optional), es verleiht ihm einen sehr guten Geschmack. Begleiten Sie es mit Brot (Pita, Naan (mit Sojajoghurt und Pflanzenmargarine), Chapati, Toast usw.) oder mit Gemüsesticks zum Dippen. Sie können es auch für Sandwiches und

Sandwiches verwenden, es passt sehr gut zu natürlichen Tomaten, Salat, Seitan, Karotten usw.

8. Der Mutabal ist eine Sahne- oder Gemüsepastete, ähnlich wie der Babaganoush, er wird ebenfalls aus Auberginen hergestellt, jedoch auf unterschiedliche Weise und mit verschiedenen Gewürzen. Theoretisch ist der libanesische Mutabal nicht so zerdrückt wie der Babaganoush (der eher eine feine Creme sein muss) und wird normalerweise mit Granatapfelkernen serviert, während der Babaganoush mit Olivenöl und Paprika serviert wird. Nun, dieses Rezept ist eine Mischung aus beidem, auch mit Zucchini anstelle von Auberginen.

9. Wenn Sie keinen natürlichen, ungesüßten Sojajoghurt haben oder finden können, können Sie jede pflanzliche Flüssigsahne zum Kochen verwenden oder Soja, Reis, Mandelmilch oder was Ihnen am besten schmeckt. Fügen Sie es nach und nach hinzu, um zu vermeiden, dass es zu flüssig wird, insbesondere wenn Sie milchfreie Milch verwenden.

69. VEGANES FLEISCHSANDWICH

Zutaten

Für die Frikadellen:

- 2 Knoblauchzehen
- 2 Portobello-Pilze
- 2 Esslöffel frisches Basilikum (1 Zweig)
- 1 Tasse Panko
- 1 Tasse gekochter Quinoa
- 2 Esslöffel getrocknete Tomaten ohne Öl
- 1 Esslöffel Tomatensauce gewürzt
- 1 Prise Salz
- Olivenöl

Für das Sandwich:

- 2 Baguettebrote

- 1/2 Tasse veganer Käse nach Mozzarella-Art
- 1/4 Tomatensauce
- Frisches Basilikum nach Geschmack
- Salz nach Geschmack

Vorbereitung

1. Auf einem zuvor mit etwas Olivenöl bestrichenen Grill 2 Knoblauchzehen und 2 Portobellos platzieren. Bei starker Hitze kochen, bis beide Seiten gut gekocht und goldbraun sind.
2. Portobellos, Knoblauch, Basilikum, gekochte Quinoa, Tomatensauce, Panko und getrocknete Tomaten in einen Prozessor geben und 1 Minute oder bis eine Teigkonsistenz erreicht ist, verarbeiten. Fügen Sie mehr Panko hinzu, wenn Ihre Mischung matschig ist.
3. Formen Sie Ihren Teig zu Kugeln. Die Kugeln mit etwas Panko bedecken.
4. In einer großen Pfanne bei mittlerer Hitze etwas Olivenöl geben und die Fleischbällchen dazugeben, goldbraun braten. Fügen Sie Tomatensauce hinzu, um die Fleischbällchen zu beschichten. Bei mittlerer Hitze 4-5 Minuten kochen.
5. Das Baguette innen mit Tomatensauce und Mozzarella bestreichen. Die Hackbällchen

dazugeben und 8-10 Minuten backen. Sie können die Außenseite des Brotes vor dem Backen mit etwas Olivenöl bestreichen, um es zu bräunen.
6. Mit frischem Basilikum servieren und nach Belieben mehr Tomatensauce hinzufügen.

70. FRUGALES ABENDESSEN MIT VEGANEN EINGELEGTEN SANDWICH

Zutaten

- 2 Portionen
- 3 Scheiben Landbrot
- 4 EL eingelegtes Caserito-Gemüse
- 1 Glas Aguq mit Eis und Zitrone

Vorbereitung

1. Schneiden Sie die Scheiben des Landbrots und legen Sie es in kalte Gurken und machen Sie einige sehr vegane und praktische Sandwiches.

71. SANDWICHES DE MIGA "LICHT"

Zutaten

- Krümelbrot (Kleie) 10u
- 1 Aubergine
- 1 Zwiebel
- 1 Karotte
- Blattsalat
- 1-2 Tomaten
- Mayonnaise
- Zum Anbraten der Auberginen
- 1 Spritzer Öl
- Salz
- Pfeffer
- 2 Esslöffel Senf

Vorbereitung

1. Wir schneiden die Aubergine in Scheiben. Wir geben die Pfanne zum Kochen mit etwas Öl zusammen mit der Zwiebel (in Julienne geschnitten). Bis beide weich sind. Mit Salz und Pfeffer würzen. Bevor Sie sie aus dem Feuer nehmen, braten Sie sie mit etwas Senf weiter an. Jetzt nehmen wir es vom Herd und lassen es in einer Schüssel mit einem Papier, das das Öl aufnimmt.
2. Jetzt reiben wir die Karotte. Wir schneiden die Tomaten in Scheiben. Und wir legen beiseite, jedes in einer anderen Schüssel
3. Jetzt stellen wir auf den Tisch einen Teller Krümelbrot und verteilen Mayonnaise darauf. Und obendrauf geben wir die Aubergine mit Zwiebel + geriebene Karotte. Wir nehmen ein weiteres Brot, streichen Mayonnaise darauf und schließen es. Auf das gleiche Brot streichen wir noch mehr Mayonnaise. In diese Schicht legen wir die Tomate und den Salat.
4. Zum Schluss Mayonnaise auf eine Seite des 3er Brottellers legen und verschließen.

72. VEGANE SANGUCHE VON SEITAN

Zutaten

- Gewürze
- (Nach Geschmack) Gemahlener schwarzer Pfeffer (optional)
- 1 Esslöffel provenzalisch
- 1/2 Teelöffel Feines Himalayasalz
- 1 Esslöffel brauner Zucker

Zutaten

- Tröpfchen Olive (Für Brot, Seitan und Tomaten)
- 2 Scheiben Brot
- Gemüse

- 1/4 Tasse Frühlingszwiebel
- 1/4 Tasse Petersilie
- Früchte und Gemüse
- 1 Tomate
- 1 Scheibe Zwiebel
- 1 Feta Papa

Vorbereitung

1. Wir schneiden eine Scheibe Seitan
2. Wir bereiten zwei Scheiben Brot (möglichst Vollkornbrot) zum Toasten und eine Kappe vor, die hat: Den braunen Zucker - den Provenzalischen und das Salz
3. Petersilie und Frühlingszwiebel sehr fein schneiden.
4. Die Tomate in Scheiben schneiden (ca. 7 Scheiben).
5. 1 Zwiebelscheibe schneiden.
6. 1 Kartoffelscheibe schneiden (wir können die Schale darauf lassen)

*** Wichtig ist, dass die Kartoffel gut geröstet ist.

1. Die Zwiebel ist geröstet, aber nicht so sehr ... ****
2. Wir kochen die Kartoffel und etwas später die Ceboia ♥.

3. Wenn sie mehr oder weniger sind, werden sie in einer separaten Platte entfernt.
4. Wir kochen den Seitan mit ein paar Tropfen Olivenöl, damit er nicht klebt.
5. Wir fügen die kleine Tasse mit den Gewürzen hinzu ...
6. Der Zucker beginnt zu schmelzen, wodurch ein "wenig Saft" entsteht.
7. Ein paar Sekunden später fügen wir die Tomatenscheiben hinzu.
8. Und wenn er beginnt, sein "Liquid" freizugeben.
9. Gehackte Petersilie und Frühlingszwiebel zugeben, etwas umrühren.
10. Tröpfchen Olivenöl, und wir schicken die Kartoffel und die Zwiebel zum Weitergaren zusammen mit der Zubereitung. und wir fügen von Zeit zu Zeit gemahlenen Pfeffer nach Geschmack hinzu.
11. Wenn die Kartoffel ist; Wir entfernen alles auf einem separaten Teller vom Teller und beginnen, ohne die Hitze auszuschalten, das Brot mit anderen Tropfen Olivenöl zu backen ...
12. Rund und rund, bis sie geröstet sind und ... voaaalaa Maestress
13. Enormer Chegusan.

73. VEGANES SANDWICH

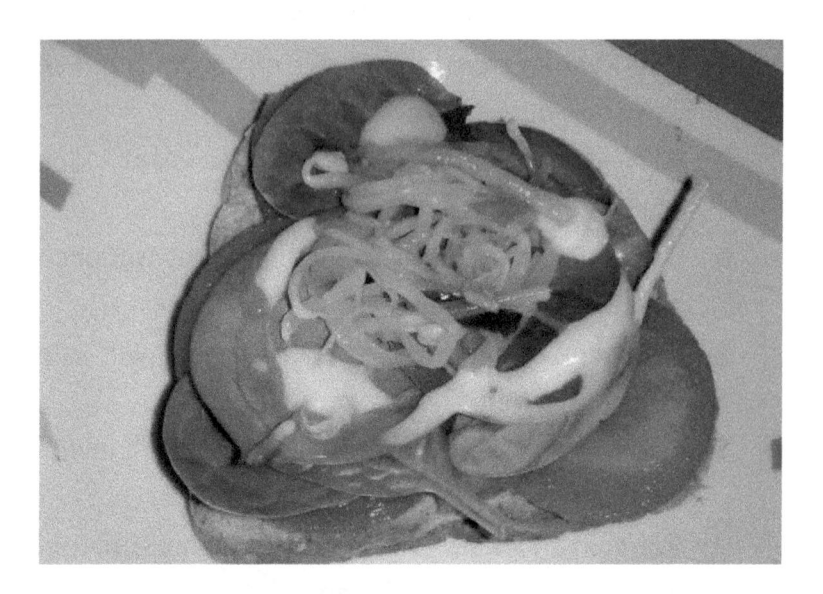

Zutaten für 1 Person

- 1 Tomateneinheit(en) halbe geschnittene Tomate
- 10 Gramm Spinat 4 oder 5 Blätter
- 1 Prise Sojasprossen nach Geschmack
- 1 Prise Vollkornbrot

Vorbereitung

1. Tomaten schneiden und in die Pfanne geben, Spinatblätter und Sojasprossen darüber geben.
2. Sie können etwas Gemüsesauce oder etwas Hummus dazugeben und es ist sehr reichhaltig.

74. SEHR EINFACHES ROGENBROT

Zutaten für 6 Personen

- 1 Teelöffel Salz (durchschnittlich besser)
- 1 Teelöffel brauner Zucker oder Melasse
- 1 Einheit(en) warmes Wasser
- 300 Gramm Roggenvollkornmehl
- 4 Gramm Backpulver oder 25 g Hefe. kühl

Vorbereitung

1. Das Wasser mit der Hefe und dem Zucker in einer Schüssel mischen und 5 Min. ruhen lassen.
2. Mehl und Salz mischen.

3. Alles ohne zu kneten und ohne Kraftaufwand (ich habe eine Gabel benutzt) vermischen, bis es gleichmäßig ist.
4. Mit nassen Händen aus dem Teig eine Kugel formen und in einer Schüssel mit Folie bedeckt 3 Stunden ruhen lassen.
5. 20 min vor dem Einschieben in den Ofen auf 180° vorheizen und dann die Kugel (bereits in einer Form) 50 min auf mittlerer niedriger Position und mit Hitze auf und ab ohne Luft in den Ofen geben. Herausnehmen und abkühlen lassen.

75. KNOBLAUCHBROT

Zutaten für 4 Personen

- 1,5 Einheit(en) Knoblauch
- 2 Esslöffel frische Petersilie
- 3 Esslöffel Margarine
- 125 Gramm Baguette (ein Baguette)

Vorbereitung

1. Nehmen Sie die Margarine aus dem Kühlschrank, damit sie weich wird, bevor Sie mit dem Rezept beginnen.
2. Petersilie und geschälten Knoblauch in den Mixer geben, bis sie fein sind, die Margarine dazugeben und erneut mixen. Wenn Sie keinen Zerkleinerer haben, hacken Sie den Knoblauch im Mörser und mischen Sie ihn mit

der gehackten Petersilie, dann mit einer Gabel die Margarine mischen.
3. Das Brot schräg einschneiden, ohne den Boden zu erreichen, damit es nicht bricht und jedes Loch mit der Margarine-Petersilie-Knoblauch-Mischung füllen.
4. Das Baguette in Alufolie wickeln und bei 200°C 7 Minuten backen.

76. SANDWICH VEGETAL

Zutaten für 1 Person

- 50 Gramm Tomaten
- 30 Gramm Salat
- 2 Einheit(en) Spargel
- 60 Gramm geschnittenes Brot 2 Scheiben
- 1 Esslöffel Hacendado laktosefreie eifreie Sauce

Vorbereitung

1. Wir schneiden die Tomate in Scheiben, bestreichen das Brot mit der Sauce und fügen die anderen Zutaten hinzu.

77. LEICHTES GEMÜSESANDWICH

Zutaten für 1 Person

- 1 Prise Spinat (einige Blätter)
- 1 Esslöffel Piquillo-Pfeffer (Boot) (eine Einheit)
- 1 Esslöffel Hummus
- 50 Gramm Saatbrot

Vorbereitung

1. Öffnen Sie das Brot und verteilen Sie Hummus nach Geschmack.
2. Eine Paprika halbieren und auf das Brot legen.
3. Dann einige Spinatblätter hinlegen, verschließen und: essen!

78. WURSTART WURST FÜR SANDWICHES

Zutaten für 6 Personen

- 1 Teelöffel Knoblauch
- 1 Teelöffel Oregano
- 1 Esslöffel Petersilie
- 2 Glas Wasser
- 2 Esslöffel Sojasauce (Tamari)
- 2 Esslöffel Kreuzkümmel
- 1 Glas Semmelbrösel
- 2 Glas Weizengluten
- 1 Esslöffel knusprige Röstzwiebeln
- 0,5 Teelöffel Paprika de la Vera oder geräucherter Paprika

Vorbereitung

1. Alle festen Zutaten in eine große Schüssel geben und mit einem Löffel gut vermischen. - Alle Flüssigkeiten vereinen - Die Flüssigkeit über den Feststoff gießen und zunächst mit dem Löffel einige Minuten gut vermischen und dann kneten. - Machen Sie aus dem Teig eine Rolle und wickeln Sie sie gut in Plastikfolie ein (wir werden sie viele Umdrehungen machen, da diese Verpackung uns später dazu dient, sie im Kühlschrank aufzubewahren). Wir binden es an den Enden gut oder mit einem Knoten oder mit Küchenschnur. (Sie werden sehen, dass es nur die Form einer Wurst hat, rund und länglich) - Mit einem Holzzahnstocher die gesamte Walze mehrmals von allen Seiten durchstechen, damit der Teig innen gut wird. - Geben Sie das Wasser, das wir zum Kochen bringen werden, für 1 Stunde hinzu und drehen Sie es ein paar Mal um. - Aus dem Wasser nehmen und abkühlen lassen.

79. PILZ-, SPINAT- UND TOMATEN-SANDWICH.

Zutaten für 1 Person

- 1 Einheit(en) geriebene Tomate
- 1 Esslöffel Spinat oder nach Geschmack
- 1 Prise Salz
- 1 Prise Knoblauchpulver
- 1 Prise Balsamico-Essig aus Modena-Creme
- 1 Teelöffel Olivenöl extra vergine
- 1 Glas Baguette pro Bar
- 2 Glas gefrorene Champignonpfanne, eine Handvoll pro Sandwich

Vorbereitung

1. Die Champignons mit etwas Öl, einer Prise Knoblauch und Salz anbraten, bis das Wasser verbraucht ist.

2. Eine Tomate auf das Brot reiben.
3. Rohen Spinat nach Geschmack anrichten
4. Die zuvor angebratenen Champignons platzieren.
5. Zum Schluss mit einem Schuss Balsamico-Essig aus Modena darüber gießen.
6. schließe das Sandwich.

80. AREPAS-TEIG

Zutaten für 2 Personen

- 1 Prise Salz
- 1 Glas Wasser
- 1 Esslöffel Olivenöl
- 300 Gramm vorgekochtes weißes Maismehl

Vorbereitung

1. Gießen Sie etwa eineinhalb Tassen Wasser in eine Schüssel, fügen Sie das Salz und einen Schuss Öl hinzu, fügen Sie das Mehl nach und nach hinzu, indem Sie es im Wasser verdünnen, um die Bildung von Klumpen zu vermeiden, kneten Sie mit den Händen und fügen Sie nach und nach Mehl und Wasser hinzu, bis Sie erhalten ein glatter weicher

Teig, der nicht an den Händen klebt. Forme mittelgroße Kugeln und drücke sie flach, sodass eine etwas dicke und symmetrische Runde entsteht. Braten oder im Ofen garen und herausnehmen, wenn sie goldbraun sind. Sie werden im Moment serviert, begleitet oder gefüllt mit Gemüse, Tofu, Sauce ...

81. GEROLLTES SANDWICH

Zutaten für 6 Personen

- 250 Gramm Sonnenblumenöl
- 60 Gramm Oliven / Grüne Oliven
- 60 Gramm Piquillo-Pfeffer (Boot) in Streifen
- 35 Gramm Senf
- 10 Gramm Kapern oder kaum , ein gestrichener Esslöffel (optional)
- 0,5 Teelöffel Rosa Himalaya-Salz (nicht Himalaya, KALA NAMAK)
- 70 Gramm weißer Spargel aus der Dose (vier mittelgroße mehr oder weniger)
- 30 Gramm Rotkohl
- 450 Gramm Vollkornbrot ohne Kruste (20 Scheiben, das ist ein ganzes Paket)

- 100 Gramm Hacendado Sojadrink
- 1 Einheit(en) natürliches Sojadessert mit Sojasun bifidus (obwohl ich Sojade verwende)
- 30 Gramm Zuckermais in Dosen (zwei Esslöffel)

Vorbereitung

2. Das ist wie ein salziger Zigeunerarm, sagte meine Mutter, als sie ihn zum ersten Mal sah.
3. Und es ist so etwas. Es reicht ein langer Weg für spontane Abendessen oder eine farbenfrohe Vorspeise oder was auch immer.
4. Wenn Sie es mit diesem speziellen Rollbrot machen, wird es vorzeigbarer, aber ich mache es mit normalem, krustenlosem Aufschnitt Brot und es sieht gut aus.
5. Zuerst vegan machen (Öl + Sojamilch + Kala-Namak-Salz + ein halber Teelöffel Xanthangummi, falls vorhanden) und in den Kühlschrank stellen.
6. Befeuchten Sie ein dünnes oder großes Tuch und breiten Sie es auf dem Tisch oder der Theke aus. Legen Sie die Brotscheiben sehr eng zusammen, bis das Tuch bedeckt ist. Normalerweise mache ich es in 4 Zeilen x 5 Spalten.

7. Den Veganer herausnehmen, Senf und Joghurt dazugeben und auf dem gesamten Boden verteilen.
8. Die Oliven in Scheiben schneiden (je 4 Stück), den Spargel längs halbieren und den Rotkohl in Streifen schneiden.
9. Platzieren Sie es in Spalten und lassen Sie zwischen den einzelnen Spalten etwas Platz. Ich meine, eine Säule Pfeffer, eine andere Oliven, eine andere Spargel … bis Sie keinen Platz mehr haben.
10. Dann Mais und Kapern so verteilen, dass sie zwischen den Löchern sehr dünn sind.
11. Rollen Sie nun mit Hilfe des Tuches die Materie sehr vorsichtig parallel zu den Säulen und ziehen Sie sie fest, damit sie fest ist. Nach dem Zusammenbau wickeln Sie es ein, indem Sie es mit dem Tuch aufrollen, und legen Sie es in die Tasche selbst, wo die Scheiben geschnitten sindBrot kam. Schließen Sie es mit einem Gummiband, und wenn es Ihnen nicht hilft, macht es nichts, dann legen Sie das Gummi auf das, was aus dem Tuch herausragt. Legen Sie es für ein paar Stunden in den Kühlschrank, dann können Sie es auspacken, schneiden und auf etwas Salat servieren.

82. GEMÜSE-GURKEN-SANDWICH

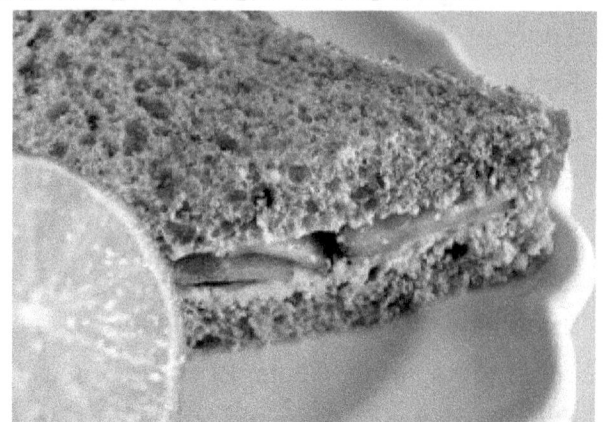

5 Minuten

Zutaten für 1 Person

- 30 Gramm Gurke
- 2 EL Schaf-Kräuter-Knoblauch-Veganer Käseaufstrich
- 60 Gramm Vollkornbrot (2 Scheiben)
- 1 Prise Limettensaft (Tropfen)

Vorbereitung

1. Kuriose, aber köstliche und leichte Kombination für ein frisches und sättigendes Abendessen. (oder Vorspeise oder Pinchín oder was auch immer Ihnen in den Sinn kommt)

2. So einfach wie die Vegadelfia zu verteilen und ein paar Gurkenscheiben zu schneiden. Die Limettentropfen auf die Gurke geben und ziehen: B

83. FALAFEL, PIQUILLO PFEFFER UND VEGANES SANDWICH

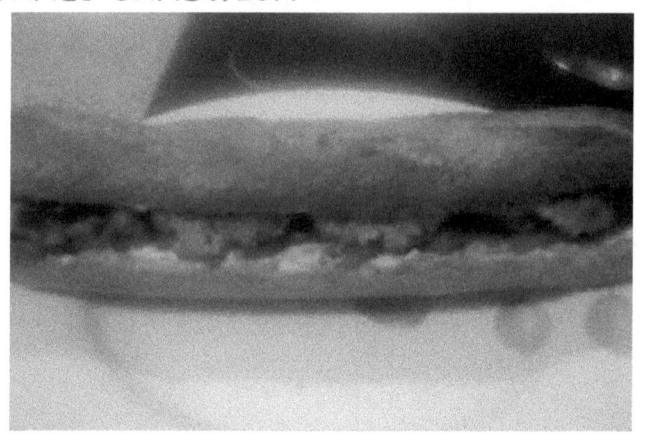

Zutaten für 1 Person

- 30 Gramm Piquillo-Pfeffer (Dose)
- 1 Teelöffel Sesamkörner
- 2 Einheit(en) Faláfel
- 2 Teelöffel laktosefreie eifreie Sauce Hacendado veganesa
- 1 Einheit(en) Vollkornbrot mit Samen

Vorbereitung

1. Wir bereiten die Falafel zu (braten oder gebacken).
2. Wir öffnen das Brot und erhitzen es.
3. Wir bedecken mit Veganesa und setzen den Sesam ein.

4. Wir legen die Falafel und drücken sie etwas flach.
5. Wir legen einige Scheiben Piquillo-Pfeffer.

84. SCHNELLES VOLLWEIZEN-PIZZABROT

Zutaten für 1 Person

- 1 Prise Oregano
- 50 Einheit(en) Oliven / Oliven entkernt
- 40 Gramm verpackte gebratene Tomaten
- 20 Gramm veganer Edamer-Schäse-Käse Jeder Käse, der im Ofen schmilzt (vegan oder nicht, je nach Restaurant)
- 40 Gramm Zuckermais aus der Dose
- 2 Einheit(en) Hacendado-Vollkorn in Scheiben geschnitten Brot

Vorbereitung

1. Der Backofen ist auf maximale Leistung vorgeheizt. Brotscheiben werden im Toaster leicht geröstet. Sie werden mit der Tomate

und mit den restlichen Zutaten nach Geschmack bedeckt. Sie werden etwa 15-20 Minuten bei maximaler Leistung in den Ofen geschoben und voila!

85. TOFU-SANDWICH

Zutaten für 1 Person

- 1 Tomateneinheit(en)
- 1 Prise Brot nach Geschmack, normalerweise verwende ich einen halben Laib
- 125 Gramm kalter Tofu

Vorbereitung

1. Wir schneiden den Tofu in dünne Scheiben und passieren ihn durch die Pfanne, bis er ein wenig gebräunt ist. Wir schneiden die Tomate in Scheiben und legen sie neben den Tofu in das Sandwich.

86. ROHES VEGANES LEINSAMENBROT

Zutaten für 6 Personen

- 1,5 Glas gehackter Sellerie
- 1 Glas geriebene Karotte oder anderes Gemüse deiner Wahl
- 1 Einheit(en) Wasser
- 4 Esslöffel Sonnenblumenkerne können andere Samen oder Mischungen sein
- 1 Glas gemahlene Leinsamen

Vorbereitung

1. schlagen Sie die Zutaten, bis Sie einen Teig erhalten. Breiten Sie es auf Pergamentpapier aus und trocknen Sie es 3 oder 4 Stunden lang von jeder Seite in der Sonne aus.
2. Wir können auch Gewürze wie Oregano, Dill, Basilikum ...

3. es kann im ofen bei weniger als 50 grad und offener tür getrocknet werden.
4. Brot hält sich im Kühlschrank bis zu einer Woche.

87. ROHRBROT

Zutaten für 6 Personen

- 2 Esslöffel Salz
- 200 Gramm Wasser (ml)
- 500 Gramm Weizenmehl (Brotmehl)
- 150 Gramm Kürbiskerne/Samen (verschiedene Samen)
- 100 Gramm natives Olivenöl extra (ml)
- 100 Gramm Maisöl (ml)

Vorbereitung

1. Das Wasser mit dem Salz und den Ölen aufschlagen, bis eine Emulsion entsteht.
2. In eine Schüssel geben, Mehl und Kerne nach und nach dazugeben, mischen und kneten, bis ein Teig entsteht. Den Teig auf einem Blatt

Wachspapier verteilen ... und mit einem Messer ausschneiden (ich habe einige Rechtecke geschnitten).
3. 25 Minuten oder, wenn Sie sie goldbrauner haben möchten, 30 Minuten im auf 180 °C vorgeheizten Backofen backen.

88. BROT MIT OLIVEN

Zutaten für 5 Personen

- 10 Gramm Salz
- 500 Gramm Wasser (ml)
- 3 Esslöffel Olivenöl
- 500 Gramm Weizenmehl
- 250 Gramm Oliven / Schwarze oder grüne Oliven nach Geschmack
- 1 Prise frische Hefe eineinhalb Pillen

Vorbereitung

1. Wir erhitzen das Wasser in der Mikrowelle, bis wir hineingreifen und nicht verbrennen. Etwa 35° oder 40° und wir lösen die Hefe auf und lassen sie 10 Minuten ruhen.

2. Gießen Sie das Mehl in eine Schüssel und bohren Sie in die Mitte ein Loch wie bei einem Vulkan.
3. Nun fügen wir das Olivenöl und die 10 g hinzu. aus Salz. Wir mischen gut und beginnen zu kneten.
4. Wenn alle Zutaten integriert sind, bringen wir den Teig zum Marmor und kneten weiter, bis der Teig nicht mehr an unseren Händen klebt. Dazu müssen wir bedenken, dass wir weiterhin Mehl hinzufügen müssen, ich habe sogar fast 200 g hinzugefügt. Plus. Der Punkt ist bekannt, wenn der Teig handhabbar ist und nicht an den Händen klebt.
5. Nun fügen wir die Oliven hinzu, die wir zuvor in Scheiben geschnitten haben und kneten weiter, bis alle Oliven gut in den Teig eingearbeitet sind und dem Brot die gewünschte Form geben.
6. Lassen Sie das Brot auf dem Backblech auf dem Marmor eine halbe Stunde oder 45 Minuten ruhen. Wir wissen, dass der Teig aufgegangen ist, wenn wir unseren Finger einsenken und die Spur verschwindet in wenigen Sekunden. Bestreuen Sie das Brot mit einem Faden Öl und stellen Sie es etwa eine halbe Stunde bei 220 °C in den Ofen,

bis es goldbraun ist. Wir wissen, dass das Brot fertig ist, wenn wir es mit einem Zahnstocher anstechen und es sauber herauskommt.
7. Sobald wir es aus dem Ofen nehmen, warten wir, bis es etwas abgekühlt ist und ... essen wir!

89. KICHERERBSEN-, HEIDELBEER- UND WALNUSS-SALAT-SANDWICH

Zutaten für 4 Personen

- 40 Gramm Salat 4 große Blätter
- 40 Gramm gehackter Sellerie
- 1 Prise Pfeffer
- 40 Gramm Walnuss
- 1 Prise Salz
- 10 Gramm Wasser 2 Esslöffel
- 40 Gramm Sesampaste (Tahini) 4 Esslöffel oder vegane Mayonnaise
- 30 Gramm Schnittlauch (Frühlingszwiebel) gehackt
- 300 Gramm Kichererbsen aus der Dose
- 20 Gramm Apfelessig 4 Esslöffel

- 200 Gramm Mehrkornbrot 8 Scheiben
- 40 Gramm getrocknete Blaubeeren

Vorbereitung

1. In einer Schüssel bereiten wir die Sauce zu: Wir mischen Tahini oder vegane Mayonnaise mit Wasser und Essig; Sie können ein wenig Malzsirup hinzufügen.
2. In einer anderen Schüssel zerdrücken wir die gekochten Kichererbsen, fügen den Sellerie, Blaubeeren, gehackte Walnüsse, Schnittlauch, Salz und Pfeffer und die Sauce hinzu.
3. Auf 4 Brotscheiben legen wir ein Salatblatt, legen den Salat darauf und bedecken mit einem weiteren Stück Brot.

90. ROSMARI- UND FLACHSBROT

Zutaten für 4 Personen

- 1 Esslöffel Rosmarin
- 1 Teelöffel brauner Zucker
- 350 Einheit(en) Mineralwasser Tibia
- 750 Gramm Weizenmehl
- 2 Teelöffel Meer Salz
- 1 Esslöffel natives Olivenöl extra
- 100 Gramm Leinsamen
- 25 Gramm frische Hefe

Vorbereitung

1. mit der in Wasser aufgelösten Hefe (die Hälfte dessen, was im Rezept angegeben ist) und dem Zucker in einer Holzschüssel auflösen und 10 Minuten ruhen lassen. Eine

Schüssel Mehl mit der Hefe und den restlichen Zutaten hineingeben, alles ca. 10 Minuten verkneten und wenn es eine gute Konsistenz hat, mit einem Tuch abdecken und ca. anderthalb Stunden gären lassen, die Backblech mit Öl bestreichen und mit Mehl bestäuben, dem Teig die gewünschte Form geben und ihm diagonale Schnitte (5 oder 6) von 1 cm geben. Nochmals 45 Minuten mit dem Tuch abdecken, nach Ablauf dieser Zeit eine Weile kneten, bis Sie eine gute Konsistenz sehen und dann mit dem zuvor heißen Backofen bei 230 Grad zwischen 40 oder 30 Minuten backen, je nach gewählter Form (Brötchen, Riegel, Faden ...)

91. BRUNNENKRESSE UND HUMMUS-SANDWICH

Zutaten für 4 Personen

- 1 Prise Salz
- 1 Prise Olivenöl
- 200 Gramm Vollkornbrot
- 150 Gramm Brunnenkresse
- 300 Gramm Hummus

Vorbereitung

1. Wir waschen die Brunnenkresse und kleiden sie leicht mit Salz und Öl.
2. Eine Scheibe Brot mit Hummus bestreichen, eine Handvoll Brunnenkresse darauf legen und mit einer weiteren Scheibe bedecken.

92. SCHWERE ROSINEN- UND WALNUSSBROT

Zutaten für 6 Personen

- 4 Einheit(en) Walnuss geschält
- 5 Gramm Salz
- 200 Gramm Wasser
- 350 Gramm Weizenmehl
- 3 Esslöffel Rosinen
- 10 Gramm frische Hefe

Vorbereitung

1. 1. Das Mehl in eine große Schüssel geben und ein Loch in die Mitte bohren.
2. Wir lösen die Hefe in einer Schüssel mit vier Esslöffeln warmem Wasser. 3. Gießen Sie diese Zubereitung zusammen mit dem Rest

des warmen Wassers und des Salzes in die Mulde des Mehls.
3. Mischen Sie den Teig nach und nach von Hand, bis er sich von den Schüsselwänden löst und ein homogenes und festes Aussehen hat.
4. Den zuvor mit etwas Mehl bestäubten Teig legen wir auf die Arbeitsplatte unserer Küche und kneten den Teig 10 Minuten lang, wobei wir dabei so wenig Mehl wie möglich hinzufügen.
5. Wir modellieren den Teig entweder in Form von Brot oder in Form eines Riegels und legen ihn auf das zuvor bemehlte Backblech.
6. Wir machen ein paar kleine Schnitte im oberen Teil und stellen es für 50 Minuten bei 190 ° in den Ofen.

93. ALFALFA SPROUT SANDWICH

Zutaten für 1 Person

- 0,5 Tomateneinheit(en) in Scheiben geschnitten
- 1 Prise Salat ein oder zwei Blätter
- 1 Esslöffel geriebene Karotte
- 30 Gramm Ananas eine Scheibe
- 1 Tasse gekeimte Luzerne
- 60 Gramm Vollkornbrot zwei Scheiben
- 2 Teelöffel Hacendado laktosefreie, eifreie Sauce

Vorbereitung

1. Beide Brotscheiben mit vegan bestreichen.

2. Alfalfasprossen, Salat, Tomate, geriebene Karotte und eine Ananasscheibe darauf legen.
3. Erhitzen und servieren.

94. FEIGENBROT

Zutaten für 4 Personen

- 50 Gramm Walnuss
- 1 Prise Pflanzenmargarine, um die Form zu verteilen
- 100 Gramm Weizenmehl
- 100 Gramm rohe Mandeln (ohne Schale)
- 1 Glas Anis
- 500 Gramm getrocknete Feige
- 5 Esslöffel Yosoy Reisdrink oder ein beliebiges Gemüse

Wiedergutmachung

1. Die getrockneten Feigen hacken, die Mandeln fein hacken und alles mit dem Mehl in einer Schüssel vermischen, die Walnüsse hacken und in die Schüssel geben.
2. Anis und Pflanzenmilch dazugeben. Alles gut vermischen, eine Form mit Butter bestreichen und die vorherige Mischung hinzufügen.
3. Mit Alufolie abdecken und bei 160 °C 30 Minuten backen.
4. Wenn das Feigenbrot fertig ist, lasse es warm und nimm die Form.

95. KICHERERBSEN-SALAT-SANDWICH

Zutaten für 2 Personen

- 40 Gramm Salat
- 1 Einheit(en) Knoblauch
- 5 Gramm Zwiebelpulver
- 0,5 Einheit(en) Gurke
- 10 Gramm Lauch
  - Glas Kichererbsen 8 Stunden eingeweicht
- 1 Einheit(en) Avocado
- 2 Prise Salz
- 30 Gramm eingelegte Gurken
- 2 Gramm Seetang-Algen
- 1 Esslöffel Zitronensaft
- 100 Gramm Vollkornbrot 4 Scheiben

- 15 Gramm knusprige Röstzwiebeln

Vorbereitung

1. Wir kochen die Kichererbsen, lassen sie abtropfen und zerdrücken sie zusammen mit den eingeweichten Algen. Es muss nicht püriert, sondern eher "holprig" sein.
2. Die Gurken, den Lauch, eine Knoblauchzehe hacken und mit den Kichererbsen mischen. Würzen und die Tofunesa oder Sojasauce dazugeben.
3. Wir schneiden die Gurke und Avocado in Scheiben.
4. Wir bauen das Sandwich zusammen. Auf eine Scheibe legen wir eine dicke Schicht Kichererbsensalat, bedecken sie mit etwas Röstzwiebeln, Salat, Gurken und Avocado. Mit einer weiteren Brotscheibe bedecken. Wir erhitzen das Sandwich ein wenig im Ofen.

96. BRECHER

Zutaten für 4 Personen

- 100 Gramm de Pan
- 1 Teelöffel Olivenöl extra vergine

Vorbereitung

1. Es ist ein albernes Rezept, aber ich benutze es oft, um Pürees oder Suppen zuzubereiten und das abgestandene Brot zu nutzen.
2. Wir schneiden das Brot in kleine Quadrate.
3. Wir legen das Brot in sehr heißes Öl, wir gehen vorsichtig herum, um ein Anbrennen zu vermeiden, bis es goldbraun ist.
4. Wir nehmen saugfähiges Papier heraus und legen es auf.
5. Wenn wir möchten, können wir eine Knoblauchzehe in das Öl geben.

97. HAFERMEHLKNÖDEL

Zutaten für 6 Personen

- 250 Gramm Hafer
- 1 Glas Sonnenblumenöl
- 0,5 Glas weißer Zucker
- 175 Gramm Vollkornmehl
- 2 Esslöffel Chiasamen
- 1 Esslöffel Vanilleessenz
- 2 Esslöffel Backpulver

Vorbereitung

1. Die Chiasamen mahlen und in 1/2 Glas Wasser einweichen. Mischen Sie die trockenen Zutaten und fügen Sie dann das Öl und Chia hinzu. einen festen Teig herstellen, wenn Mehl fehlt, nach und nach

hinzufügen. Formen formen und auf jeder Seite 10 Minuten backen.

98. VEGANES TOFU-ROGGENBROT-SANDWICH

Zutaten für 1 Person

- 0,5 Tomateneinheit(en)
- 1 Prise Salat ein Blatt
- 0,25 Zwiebeleinheit(en)
- 1 Prise schwarzer Pfeffer
- 1 Prise Salz
- 50 Gramm Tofu einige Scheiben
- 1 Teelöffel Sojasauce (Tamari)
- 60 Gramm Roggenvollkornbrot (zwei Scheiben)
- 2 Teelöffel Hacendado laktosefreie, eifreie Sauce

Vorbereitung

1. Den Tofu mit etwas Olivenöl in eine Pfanne geben.
2. Sojasauce, etwas Salz und Pfeffer dazugeben.
3. Auf beiden Seiten braun anbraten.
4. Veganes Fleisch auf Roggenbrot verteilen, Salat anrichten, in Scheiben schneiden Tomaten, Zwiebeln und Tofu.
5. Erhitzen und servieren.

99. VOLLKORNROGGEN- UND DINKELBROT

Zutaten für 4 Personen

- 375 Gramm warmes Wasser
- 1 Esslöffel Meer Salz
- 2 Esslöffel Samen / Kürbiskern-Rasas
- 250 Gramm Dinkel (Vollkornmehl)
- 250 Gramm Roggenvollkornmehl

Vorbereitung

1. Außerdem brauchst du 1 Päckchen Vollkornhefe
2. Die Mehle in einer Schüssel mit der Backhefe und dem Salz mischen. Das Wasser hinzufügen und mit Hilfe eines Holzlöffels

mischen. Es ist besser, das Wasser nach und nach zu gießen, um zu sehen, ob der Teig mehr oder weniger Wasser benötigt. Wenn es gut vermischt ist, decken Sie es mit Plastikfolie ab und lassen Sie es 2 Stunden lang gären (oder sogar über Nacht und backen Sie es am nächsten Morgen). Der Teig wird in eine längliche Form gefüllt, die mit Backpapier ausgelegt ist, oben werden Querschnitte gemacht und wir legen die Kürbiskerne darauf und drücken sie so, dass sie gut am Teig haften. Eine Stunde backen, die ersten 25 Minuten bei 220 Grad und die restlichen 35 Minuten bei 175 Grad. Wichtig ist, dass der Backofen vorgeheizt ist und die Backofentür während des gesamten Vorgangs nicht geöffnet wird.

100. SANDWICH MIT SEITAN, GERÖSTETEN PFEFFER UND PILZEN

Zutaten für 1 Person

- 1 Prise Pfeffer
- 1 Prise Salz
- 1 Esslöffel Olivenöl
- 5 Einheit(en) Pilz
- 40 Gramm Brot ein kleines Sandwichbrot
- 40 Gramm Seitan
- 50 Gramm Paprikakonserven

Vorbereitung

1. Der Seitan wird in lange Scheiben geschnitten und mit Salz und Pfeffer

gegrillt. Die Champignons werden geschnitten und mit gehackten Zwiebeln und Knoblauch angebraten. Die gerösteten Paprikaschoten werden auf dem Grill erhitzt und das Brot wird etwas geröstet. Beim Zusammensetzen des Sandwiches werden Seitan, Paprika und Champignons auf den unteren Teil des Brotes gelegt und mit dem oberen Teil abgedeckt. Es kann Ihnen einen Hitzschlag im Ofen geben.

CONCLUSIÓN

Al llegar al final de El mejor libro de recetas veganas para sándwiches, esperamos que hayas descubierto la increíble versatilidad y creatividad que los ingredientes de origen vegetal aportan a tu cocina. Los sándwiches son más que una comida rápida; son una oportunidad para experimentar, compartir y nutrir.

Ya sea que estés preparando un simple plato favorito para el almuerzo o armando una intrincada obra maestra gourmet, recuerda que cada capa cuenta una historia. Al elegir opciones de origen vegetal, no solo estás adoptando un estilo de vida más saludable y sostenible, sino que también agregas una pizca de compasión a cada bocado.

Ahora, es tu turno de tomar estas recetas, agregarles tus propios toques y compartirlas con el mundo. Porque cuando se trata de sándwiches veganos, las posibilidades son realmente infinitas.

¡Gracias por acompañarnos en este viaje lleno de sabor! ¡Feliz preparación de sándwiches!

www.ingramcontent.com/pod-product-compliance
Ingram Content Group UK Ltd.
Pitfield, Milton Keynes, MK11 3LW, UK
UKHW041844141224
452457UK00012B/665

9 781836 872979